KB169790

개정판

Quick Korean

빨리 배우는

한국어

1

최근 K-pop, K-drama 등 한국 문화 콘텐츠의 부상으로 한국과 한국 문화에 대한 관심이 높아지고 있습니다. 이와 함께 한국어는 전 세계에서 가장 많이 학습되는 언어 중의 하나로 자리매김하였으며, 이를 증명하듯 러시아, 인도, 태국, 튀르키예, 헝가리 등 여러 나라에서 한국어를 제2 외국어로 채택하고 있습니다. 이처럼 한국어의 국제적 위상이 높아지고 있는 것은 부정할 수 없는 흐름입니다.

한양대학교 국제교육원에서는 한국어를 배우고 싶어 하는 외국인과 재외 동포들이 흥미를 가지고 보다 쉽게 한국어를 학습할 수 있도록 지속적으로 교재를 발간하고 있습니다. 2023년 개정하여 출판하는 〈빨리 배우는 한국어〉는 2013년 초판을 내놓은 이후 많은 한국어 학습자들이 애용하는 교재였습니다. 지난 10년간의 언어 사용과 사회의 변화를 반영하여 이번 개정판을 발간하게 되어 매우 뜻깊게 생각합니다.

본 교재는 총 2권으로 이루어져 있으며 한국어를 처음 접하는 학습자가 한글 자모 학습부터 시작하여 일상생활에 필요한 한국어 의사소통 능력을 갖추는 것을 목표로 하고 있습니다. 한국의 일상생활에서 사용되는 실제적인 담화 기능과 문법 표현, 어휘를 중심으로 교재를 구성하였으며, 그림이나 사진 등의 매체를 충분히 활용하여 한국어와 한국 문화를 처음 접하는 학습자들도 쉽게 이해할 수 있도록 하였습니다. 또한 한국의 전통문화와 현대 문화를 다채롭게 보여 주는 영상과 텍스트 자료를 QR 코드로 제공하여 한국에 대한 배경지식을 쌓을 수 있도록 하였다는 점도 또 하나의 특징입니다.

국내 최고 수준의 한국어 교육 전문가들이 집필한 〈빨리 배우는 한국어〉를 통해 학습자들이 한국어를 더 쉽고 재미있게 배울 수 있기를 기대합니다. 더

나아가 한국 문화를 깊이 이해하는 데에 본 교재가 작은 발판이 되었으면 하는 바람입니다.

　마지막으로 〈빨리 배우는 한국어 1〉을 집필해 주신 김정훈 교수님, 배소영 교수님, 임정남 교수님, 김다원 교수님과 〈빨리 배우는 한국어 2〉를 집필해 주신 이영숙 교수님, 조자현 교수님, 김윤진 교수님, 우주희 교수님의 노고에 진심으로 감사드립니다.

2023. 12.
한양대학교 국제교육원장
최 일 용

Recently, with the rise of K-pop, K-dramas, and other K-Culture contents, there has been a growing interest towards Korea, Korean culture, and Korean language in general. As evidence of this trend, many countries, including India and Hong Kong, have adopted Korean as their second foreign language. Moreover, Korean has risen to the seventh position as the most widely learned language globally, reflecting the increasing international status of the Korean language.

At Hanyang University's International Education Institute, we are making continuous efforts to publish textbooks that can help foreigners and overseas Koreans who want to learn Korean develop their interest in the Korean language and learn it with more ease.

The <Quick Korean> series, which is scheduled to be revised and re-published in 2023, has been a popular textbook among Korean language learners since its initial release in 2013. The upcoming revised edition is particularly meaningful as it reflects the latest social trends changes that have influenced the use of Korean throughout the past decade.

This textbook consists of two volumes, aiming to help beginners in learning Korean, starting from mastering the Korean alphabet to acquiring practical communication skills required for daily life. It is structured around discourse functions, basic grammar, and vocabularies that are frequently used in the everyday life of Koreans. The use of pictures, photos, and illustrations are maximized to provide concrete information, helping learners who are encountering Korean language and culture for the first time to learn the language and understand Korean culture with more ease. Additionally, the revised edition includes QR codes throughout the entire book, providing video and text-based materials that showcases both the traditional and modern aspects of Korean culture, allowing learners to learn more about Korea and build a solid background for a better learning experience.

Through the <Quick Korean> series, which is authored by leading experts in the field of Korean education and studies, we hope that learners encountering Korean for the first time will find the language easy and enjoyable. Furthermore, we hope this publication serves as an effective stepping stone for them to deepen their understanding of Korea.

Finally, we would like to express our gratitude to the authors who have made great contributions during the creation and publication of this series:
(Volume 1) Professors Jeonghoon Kim, Soyoung Bae, Jungnam Im,
　　　　　 Dawon Kim
(Volume 2) Professors Youngsuk Lee, Jahyun Cho, Yunjin Kim,
　　　　　 Juhee Woo.

December 2023

Ilyong Choi

Director, Hanyang Institute of International Education

일러두기

(개정) 〈빨리 배우는 한국어 1〉은 단기간에 한국어를 배우고자 하는 외국인과 재외 동포가 흥미를 가지고 쉽게 배울 수 있도록 쓰인 단기 통합 교재이다. 이 책은 한국어를 처음 배우는 학습자들이 한글 자모를 익혀 한글을 읽고 쓰게 하는 데 목표를 두었다. 또한 소개하기, 주문하기, 물건 사기, 길 찾기 등 일상생활에 필요한 한국어 의사소통 능력을 기를 수 있게 하였다.

● (개정) 〈빨리 배우는 한국어 1〉은 크게 「한글 공부」와 「회화 공부」의 두 부분으로 나뉜다. 「한글 공부」는 4개의 단원으로, 「회화 공부」는 8개의 단원으로 구성하였다. 본 교재를 끝내려면 한 단원당 4시간씩 「한글 공부」 16시간과 「회화 공부」 32시간을 합하여 총 48시간이 소요된다.

● 「한글 공부」는 각 단원마다 3개의 항으로 구성하여 자모와 음절 체계를 단계적으로 학습함으로써 쉽고 빠르게 한글을 읽고 듣고 쓸 수 있도록 하였다. 뒷부분에는 단어 읽기, 문장 읽기를 두어 「회화 공부」로 자연스럽게 연결될 수 있도록 하였다.

● 「회화 공부」는 일상생활과 관련된 주제인 '소개, 교실, 고향, 음식, 식당, 쇼핑, 휴일, 교통'을 중심으로 단원을 구성하였다. 각 단원은 〈도입〉, 〈어휘〉, 〈문법〉, 〈대화〉, 〈말하기〉, 〈심화 학습-듣기〉, 〈심화 학습-읽고 쓰기〉로 구성되는데, 이를 구체적으로 소개하면 다음과 같다.

도입 에서는 단원의 주제와 관련된 사진을 제시하여 단원에 대한 이해를 돕고자 하였으며, 단원에서 배울 의사소통 기능, 문법, 어휘를 학습 목표로 제시하였다.

어휘 에서는 주제와 관련된 단어를 의미장으로 묶어 제시하였으며, 사진이나 삽화를 이용하여 초급 학습자들이 쉽고 빠르게 단어를 배울 수 있도록 하였다.

문법 에서는 단원의 주제 및 의사소통 기능과 관련된 두 개의 문법을 배우도록 하였다. 예문을 통하여 목표 문법이 어떻게 사용되는지 보이고, 형태 정보를 함께 제시하였다. 문법 연습에서는 대화를 통해 담화 안에서 문법을 익히도록 하였는데, 형태 연습에만 그치지 않도록 유의미한 연습을 포함하였다. 좀 더 상세한 문법 설명이 필요한 학습자를 위하여 〈부록〉에서 영어, 중국어, 일본어로 문법 해설을 제시하고, 이를 쉽게 찾아볼 수 있도록 페이지를 표기해 놓았다. (☞ **E** 127 **中** 132 **日** 137)

대화 에서는 주제와 관련된 전형적인 담화를 제시하여 실용적인 표현을 충분히 익히게 하고, 이를 응용하여 다양한 대화를 만들어 보도록 하였다. 또한 학습자들의 이해를 돕기 위해 새로 등장한 단어와 표현 및 발음 정보를 제시하는 한편 대화 상황과 관련된 한국 문화 영상 자료나 텍스트 자료를 QR 코드에 담아 제시하였다.

말하기 에서는 주제와 관련된 의사소통 과제를 수행하도록 하여 단원에서 목표로 하는 의사소통 기능을 익히도록 하였다. 또한 앞에서 학습한 어휘와 문법을 활용하도록 함으로써 학습 단계 간의 연계성을 고려하였다.

심화 학습-듣기 와 **심화 학습-읽고 쓰기** 는 자가 학습을 지원하기 위한 구성 요소로 교실에서 배운 지식을 활용하여 더 깊이 있는 학습을 하고자 하는 학습자의 욕구를 충족하기 위해 마련하였다.

심화 학습-듣기 는 앞에서 배운 어휘와 문법으로 구성된 듣기 지문과 내용 관련 문제를 제시하여 구어를 이해하는 능력을 높이도록 하였다. 특히 듣기 지문은 구어의 특성을 반영함으로써 학습자들이 자연스러운 구어 담화를 경험해 볼 수 있게 구성하였다.

심화 학습-읽고 쓰기 는 먼저 단원의 주제와 관련된 내용의 읽기 텍스트를 제시하여 문어 이해 능력을 기르도록 하였고, 읽기 텍스트의 내용과 관련된 질문에 답하면서 텍스트에 대한 이해를 높이도록 하였다. 이어서 작문 활동을 제시하여 쓰기 능력을 기르도록 하였는데, 읽기 텍스트를 응용하여 내용을 구성할 수 있도록 유도 질문을 함께 포함하였다.

부록 으로는 〈듣기 지문〉, 〈듣기 정답〉, 〈문법 해설〉, 〈대화 번역〉, 〈읽고 쓰기 번역〉, 〈읽고 쓰기 정답〉, 〈어휘 색인〉, 〈단어장〉을 두어 교수 학습에 도움이 되도록 하였다. 특히 〈대화 번역〉과 〈읽고 쓰기 번역〉은 입문 수준의 학습자를 고려한 구성 요소로 학습자가 '대화문'과 '읽기 텍스트'의 의미를 영어, 일본어, 중국어로 확인할 수 있도록 하여 학습 부담을 완화하면서 학습 초기의 진입 장벽을 낮추고자 하였다. 또 〈심화 학습-듣기〉와 〈심화 학습-읽고 쓰기〉 문제의 정답을 〈듣기 정답〉과 〈읽고 쓰기 정답〉에서 제시하여 학습자가 스스로의 성취 수준을 확인해 볼 수 있도록 하였다. 〈읽고 쓰기 정답〉에는 내용 관련 질문의 정답뿐만 아니라 작문 활동의 모범 답안도 넣었다. 〈단어장〉은 단원별로 주요 어휘들을 번역과 함께 제시하여 학습자의 자가 학습을 지원하고자 하였다.

How to Use This Book

(Revised) <Quick Korean 1> is an integrated textbook for foreigners and overseas Koreans who wish to learn Korean in a fun and easy way within a short amount of time. This book aims to help first-time learners of Korean learn to read and write Hangul by familiarizing them with the Korean alphabet. In addition, new learners will be able to develop basic Korean communication skills that are required for daily life and everyday routines, such as introducing themselves, ordering/purchasing items, finding directions, etc.

● (Revised) <Quick Korean 1> is divided into two parts: "Hangul (Korean Alphabet)" and "Conversation". "Hangul" consists of 4 units, while "Conversation" spans throughout 8 units. It will take about 48 hours to complete this book ("Hangul" – 4 units, 4 hours each + "Conversation" – 8 units, 4 hours each)

● "Hangul" is organized into three sections for each unit, allowing learners to learn the alphabet and syllable system step-by-step so that they can read, listen, and write Korean with ease and efficiency. To ensure a natural transition to the "Conversation" unit, the end of each "Hangul" unit consists of an exercise where the learner can read new Korean vocabularies and frequently used sentences.

● The "Conversation" chapter encompasses units centered around topics relevant to daily life, covering areas and keywords such as introduction, classroom, hometown, food, restaurants, shopping, holidays, and transportation. Each unit consists of the following sub-sections: "Introduction," "Vocabulary," "Grammar," "Conversation," "Speaking," "Advanced Learning – Listening," and "Advanced Learning – Reading and Writing." Here is a detailed overview of each sub-section.

In the "Introduction" section, images related to each unit's topic are presented to help learners understand the basic concepts and keywords of the unit. The sub-section will outline the key learning objectives regarding the communication skills, grammar, and vocabulary to be covered in the unit.

In the "Vocabulary" section, key vocabularies related to the topic shall be presented within the same semantic field, accompanied by images and illustrations to help beginners learn new vocabularies in a quick and effective way.

In the "Grammar" section, learners will learn two grammar rules related to the topic of the unit. The sentences provided as an example shall demonstrate how the target grammar is used while providing morphological information. The grammar exercises are designed to help learners learn grammar in discourses that can be found in actual daily conversations. For advanced learners who need further information, detailed explanations will be provided in various languages (English, Chinese, Japanese) at the "Appendix" section. Page indexes are provided for easier access. (☞ 🇪 127 🇨 132 🇯 137)

In the "Conversation" section, typical discourses related to the topic are presented to acquaint learners with practical expressions. Learners are prompted to apply these expressions to create various conversations. In addition, to help learners understand new words, expressions, and how to pronounce them, videos and textual materials that provides information about the cultural/social background of the conversation are presented in the form of QR codes.

In the "Speaking" section, tasks related to topics and functions are presented, enabling learners to improve basic communication skills related to the theme/keywords of the unit. By incorporating previously learned vocabulary and grammar, the section encourages the application of acquired knowledge, ensuring continuity and coherence across the entire learning process.

The components of "Advanced Learning – Listening" and "Advanced Learning – Reading and Writing" are tailored to facilitate self-directed learning, catering to learners' aspirations for a deeper understanding. These sections leverage classroom-acquired knowledge to further refine listening, reading, and writing of the learner.

In the "Advanced Learning – Listening" section, audio passages, which includes vocabulary and grammar that have been covered in previous units, are presented to the learner, along with context-related questions. The main aim of this section is to help the learner enhance their ability to comprehend spoken language by leveraging previously acquired vocabulary and grammar skills. The audio passages are particularly crafted to reflect the characteristics of natural spoken discourse, providing learners with an opportunity to experience authentic conversational language.

In the "Advanced Learning – Reading and Writing" section, textual material related to the unit's topic is presented to foster the learner's proficiency in comprehending written material/texts. Learners may engage with the text by answering content-related questions, fostering a deeper understanding. Subsequently, writing activities are introduced to cultivate effective writing skills. These activities encourage learners to compose content by applying knowledge gained from the text-based material, incorporating guiding questions to facilitate the organization of ideas.

The "Appendix" section consists of multiple sub-sections such as "Audio Scripts" "Listening Tests & Answers," "Grammar - Explanation," "Dialogue Translation," "Reading & Writing - Translation," "Reading and Writing - Answers," "Vocabulary Index," and "Vocabulary Lists", to assist both Instructors and learners. In particular, the "Dialogue Translation" and "Reading & Writing - Translation" sub-sections are specifically designed for beginner-level learners, allowing them to grasp the meaning of "dialogues" and "reading texts" in English, Japanese, and Chinese. This aims to ease the burden of learning and lower the initial learning barrier that many learners may face during the early stages of learning. In the "Advanced Learning - Listening" and "Advanced Learning - Reading and Writing" sections, the answers to the exercises are provided in the "Listening Test & Answers" and "Reading & Writing – Answers" sub-sections, respectively. This allows learners to self-assess their level of achievement. Particularly in the "Reading and Writing Answers" sub-section, model answers are included not only for content-related questions but also for writing activities. The "Vocabulary Lists" section presents key vocabularies translated for each chapter to support learners in their self-directed learning.

교재 구성표

한글 공부

단원	단원명	학습 내용		
1	한글 1	1. 모음 **1**	2. 자음 **1**	3. 음절 구조 **1**
2	한글 2	1. 자음 **2**	2. 자음 **3**	3. 모음 **2**
3	한글 3	1. 음절 구조 **2**	2. 받침 **1**	3. 받침 **2**
4	한글 4	1. 모음 **3**	2. 받침 **3**	3. 문장 읽기

회화 공부

단원	단원명	주제	학습 내용
5	저는 한나예요	소개	과제 자기소개하기 어휘 선생님, 학생, 책, 한국 사람... 문법 1. 이에요/예요, 이에요/예요? 　　　2. 은/는 문화 자기소개
6	사무실이 6층에 있어요	교실	과제 위치 설명하기 어휘 공책, 필통, 학교, 교실 ... 문법 1. 이/가 　　　2. 에 있어요/없어요 문화 한양대학교 국제교육원
7	바다가 유명해요	고향	과제 고향 소개하기 어휘 산, 바다... 　　　많다, 맛있다... 문법 1. -아요/어요/해요 　　　2. 안 ~ 문화 속초

8	커피를 마셔요	음식	과제 지금 하고 있는 일 말하기 어휘 식당, 카페 ... 먹다, 마시다 ... 문법 1. -아요/어요/해요 2. 을/를 문화 성수동 카페거리
9	비빔밥 하나 주세요	식당	과제 가격 묻고 음식 주문하기 어휘 비빔밥, 십, 백 ... 오다, 가다 ... 문법 1. -으세요/세요 2. 하고 문화 전주 비빔밥 축제
10	몇 개 드릴까요?	쇼핑	과제 가게에서 물건 구매하기 어휘 시장, 가게, 개... 사다, 팔다... 문법 1. 에서 2. 몇 ~? 문화 광장시장
11	우리 어디에 갈까요?	휴일	과제 의견 묻거나 제안하기 어휘 집, 공원 ... 쉬다, 놀다 ... 문법 1. 에 가다 2. -을까요?/ㄹ까요? 문화 한강공원
12	신당동에 가고 싶어요	교통	과제 가고 싶은 곳과 가는 방법 말하기 어휘 지하철, 버스 ... 타다, 내리다 ... 문법 1. 에 어떻게 가요? 2. -고 싶다 문화 신당동 떡볶이 타운

Scope and Sequence

Hangeul

Unit	Unit Name	Contents		
1	**Hangeul 1**	1. Vowels 1	2. Consonants 1	3. Syllable Structures 1
2	**Hangeul 2**	1. Consonants 2	2. Consonants 3	3. Vowels 2
3	**Hangeul 3**	1. Syllable Structures 2	2. Final consonants-Bachim 1	3. Final consonants-Bachim 2
4	**Hangeul 4**	1. Vowels 3	2. Final consonants-Bachim 3	3. Reading Sentences

Conversation

Unit	Unit Name	Subject	Contents	
5	**I am Hanna**	Introduce	Task	Introducing myself in Korean
			Vocabulary	선생님, 학생, 책, 한국 사람..
			Grammar	1. 이에요/예요, 이에요/예요? 2. 은/는
			Culture	Self-Introduction
6	**The office is on the 6th floor**	Class Room	Task	Describing the location
			Vocabulary	공책, 필통, 학교, 교실 ...
			Grammar	1. 이/가 2. 에 있어요/없어요
			Culture	Hanyang Institute of International Education
7	**The ocean is famous**	Hometown	Task	Introducing my hometown
			Vocabulary	산, 바다... 많다, 맛있다...
			Grammar	1. –아요/어요/해요 2. 안 ~
			Culture	Sokcho

8	I drink coffee	Food	**Task** Talking about what I am doing now
			Vocabulary 식당, 카페 ... 먹다, 마시다 ...
			Grammar 1. –아요/어요/해요 2. 을/를
			Culture Seongsu-dong Café Street

9	One Bibimbab please	Restaurant	**Task** Asking price and ordering food
			Vocabulary 비빔밥, 십, 백 ... 오다, 가다 ..
			Grammar 1. –으세요/세요 2. 하고
			Culture JeonJoo Bibimbab Festival

10	How many do you want?	Shopping	**Task** Purchasing products in a shop
			Vocabulary 시장, 가게, 개... 사다, 팔다...
			Grammar 1. 에서 2. 몇 ~?
			Culture Gwangjang Market

11	Where should we go?	Holidays	**Task** Asking opinions and making suggestions
			Vocabulary 집, 공원 ... 쉬다, 놀다 ...
			Grammar 1. 에 가다 2. –을까요?/ㄹ까요?
			Culture Han River Park

12	I want to go to Sindang-dong	Transportation	**Task** Saying where I want to go and how to go there
			Vocabulary 지하철, 버스 ... 타다, 내리다 ...
			Grammar 1. 에 어떻게 가요? 2. –고 싶다
			Culture Sindang-dong Tteokbokki Town

목차 Contents

마리
국적: 일본
직업: 간호사

김민기
국적: 한국
직업: 대학생

닉쿤
국적: 태국
직업: 대학생

김지우
국적: 한국
직업: 대학생

조유진
국적: 한국
직업: 선생님

루카스
국적: 독일
직업: 회사원

한나
국적: 미국
직업: 대학생

뱅싱
국적: 프랑스
직업: 요리사

장웨이
국적: 중국
직업: 주부

한글은 조선시대 제 4대 왕인 세종대왕이 1443년에 만든 글자이다.

The Korean alphabet is called Hangeul, which was invented by King Se-jong in 1443.
(King Se-jong is the 4th King of the Chosun dynasty.)

1) 한글은 19개의 자음으로 구성되어 있다. 그 목록은 다음과 같다.

Hangeul consists of 19 consonants. The list of consonants are as follows:

자음 Consonants										
1	ㄱ	ㄴ	ㄷ	ㄹ	ㅁ	ㅂ	ㅅ	ㅇ	ㅈ	ㅎ
	[g/k]	[n]	[d/t]	[l/r]	[m]	[b/p]	[s/ʃ]	[ø/ŋ]	[ʒ/ʤ]	[h]
2	ㅋ		ㅌ			ㅍ			ㅊ	
	[kʰ]		[tʰ]			[pʰ]			[cʰ]	
3	ㄲ		ㄸ			ㅃ	ㅆ		ㅉ	
	[k']		[t']			[p']	[s']		[c']	

2) 한글은 21개의 모음으로 구성되어 있다. 그 목록은 다음과 같다.

Hangeul consists of 21 vowels. The list of vowels are as follows:

모음 Vowels								
1	ㅏ	ㅓ	ㅗ	ㅜ	ㅡ	ㅣ	ㅐ	ㅔ
	[a]	[ə]	[o]	[u]	[ɨ]	[i]	[ɛ]	[e]
2	ㅑ	ㅕ	ㅛ	ㅠ	ㅢ		ㅒ	ㅖ
	[ya]	[yə]	[yo]	[yu]	[ɨy]		[yɛ]	[ye]
3	ㅘ	ㅝ			ㅚ	ㅟ	ㅙ	ㅞ
	[wa]	[wə]			[we]	[wi]	[wɛ]	[we]

3) 자음과 모음이 결합하여 다음과 같은 음절을 형성한다.

Possible combinations of vowels and consonants (syllables) are as follows:

1	모음	V	ㅏ ⋯ 아
2	자음 + 모음	CV	ㄹ+ㅣ ⋯ 리
3	자음 + 모음 + 자음	CVC	ㄹ+ㅏ+ㅇ ⋯ 랑

❶ 연음 Liaison

앞 음절에 받침이 있고 뒤 음절이 모음으로 시작될 때 앞 음절의 받침은 뒤 음절의 첫소리가 된다.
When the first syllable includes a 'final consonants (batchim)' and the second syllable begins with a vowel, the previous syllable's final consonant becomes the starting sound of the following syllable.

국어[구거]
예 한국어[한구거], 밥이[바비]

❷ 비음화 Nasalization

앞 음절의 받침소리 'ㅂ,ㄷ,ㄱ'는 뒤 음절이 비음 'ㅁ,ㄴ'로 시작될 때 각각 [ㅁ,ㄴ,ㅇ]으로 발음된다.
The final consonants 'ㅂ, ㄷ, ㄱ' are pronounced as [ㅁ, ㄴ, ㅇ] when the following syllable starts with the nasal sound 'ㅁ, ㄴ'.

밥만[밤만]
예 앞문[암문], 듣는[든는], 첫눈[천눈], 한국말[한궁말]

❸ 경음화 Tensification

앞 음절의 받침소리 'ㅂ,ㄷ,ㄱ' 다음에 오는 뒤 음절의 초성 'ㅂ,ㄷ,ㄱ,ㅅ,ㅈ'는 각각 [ㅃ,ㄸ,ㄲ,ㅆ,ㅉ]로 발음된다.
The initial consonants of the second syllable 'ㅂ, ㄷ, ㄱ, ㅅ, ㅈ' after the final consonant sound of the previous syllable 'ㅂ, ㄷ, ㄱ' are pronounced as [ㅃ, ㄸ, ㄲ, ㅆ, ㅉ] respectively.

식당[식땅]
예 밥집[밥찝], 듣기[듣끼], 학생[학쌩]

❹ 격음화 Tensification

'ㅂ,ㄷ,ㄱ,ㅈ'가 앞 음절의 받침소리 또는 뒤 음절 초성으로 'ㅎ'와 연결될 때 뒤 음절의 초성은 각각 [ㅍ,ㅌ,ㅋ,ㅊ]로 발음된다.
When 'ㅂ, ㄷ, ㄱ, ㅈ' is connected with 'ㅎ' as the final consonant of the previous syllable or the initial consonant of the following syllable, they are pronounced as [ㅍ, ㅌ, ㅋ, ㅊ], respectively.

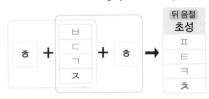

좋다[조타]
예 입학[이팍], 책하고[채카고], 좋지요[조치요]

❺ 유음화 Lateralization

앞 음절의 받침 소리 'ㄹ,ㄴ'는 뒤 음절의 초성에 'ㄴ,ㄹ'가 오면 모두 [ㄹ]로 발음된다.
The final consonants 'ㄹ, ㄴ' of the previous syllable are pronounced as [ㄹ] when 'ㄴ, ㄹ' are the initial consonant of the following syllable.

편리[펼리]
예 설날[설랄], 한라산[할라산]

한글 1

MP3
Streaming

학습 목표	한글을 읽고 쓸 수 있다.

1	모음 **1**	ㅏ, ㅓ, ㅗ, ㅜ, ㅡ, ㅣ, ㅐ, ㅔ
2	자음 **1**	ㄱ, ㄴ, ㄷ, ㄹ, ㅁ, ㅂ, ㅅ, ㅇ, ㅈ, ㅎ
3 --- 4	음절 구조 **1**	모음(Vowel), 자음(Consonant) + 모음(Vowel)

모음 Vowels	ㅏ	ㅓ	ㅗ	ㅜ	ㅡ	ㅣ	ㅐ	ㅔ
발음 Pronunciation	[a]	[ə]	[o]	[u]	[ɨ]	[i]	[ɛ]	[e]
글자 Letters	아	어	오	우	으	이	애	에
쓰는 순서 Writing order	아	어	오	우	으	이	애	에

1. 다음 글자를 읽으세요.
Read the following letters.

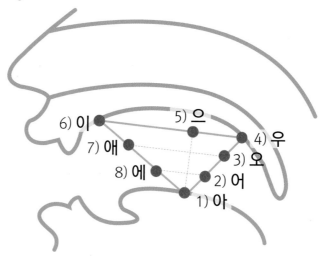

5) 으
6) 이
4) 우
7) 애
3) 오
8) 에
2) 어
1) 아

2. 다음 글자를 쓰세요.
Write the following letters.

글자	아	어	오	우	으	이	애	에
쓰기	아	어	오	우	으	이	애	에

🎧 3. 듣고 맞는 글자에 ✔ 하세요. Ⓜ 1

Listen and mark ✔ on the correct letter.

1) ☐ 아 ☐ 어   2) ☐ 오 ☐ 우   3) ☐ 으 ☐ 이

4) ☐ 어 ☐ 에   5) ☐ 애 ☐ 어   6) ☐ 오 ☐ 어

🎧 4. 들은 글자를 찾아서 ◯ 하세요. Ⓜ 2

Find the letters you've heard and mark it with ◯.

1) **A**   2)

3)   4)

에	이	애	어	에
으	어	어	우	아
아	에	어	애	우
이	으	오	이	으

🎧✏️ 5. 들은 글자를 쓰세요. Ⓜ 3

Write the letters you've heard.

1) ☐   2) ☐   3) ☐   4) ☐   5) ☐

6) ☐   7) ☐   8) ☐   9) ☐   10) ☐

🎧✏️ 6. 들은 글자를 쓰세요. Ⓜ 4

Write the letters you've heard.

1) ☐☐   2) ☐☐   3) ☐☐

4) ☐☐   5) ☐☐   6) ☐☐

자음 Consonants	ㄱ	ㄴ	ㄷ	ㄹ	ㅁ	ㅂ	ㅅ	ㅇ	ㅈ	ㅎ
발음 Pronunciation	[g/k]	[n]	[d/t]	[r/l]	[m]	[b/p]	[s/sh]	[∅]	[ʧ/ʤ]	[h]
쓰는 순서 Writing order	ㄱ	ㄴ	ㄷ	ㄹ	ㅁ	ㅂ	ㅅ	ㅇ	ㅈ	ㅎ

1. 다음 글자를 읽으세요.
Read the following letters.

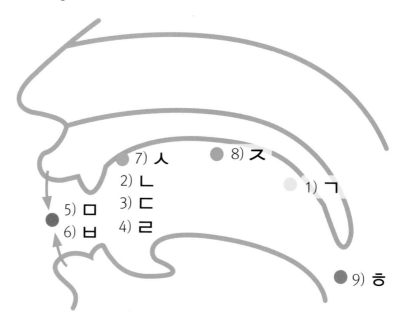

2. 다음 글자를 쓰세요.
Write the following letters.

글자	ㄱ	ㄴ	ㄷ	ㄹ	ㅁ	ㅂ	ㅅ	ㅇ	ㅈ	ㅎ
쓰기	ㄱ	ㄴ	ㄷ	ㄹ	ㅁ	ㅂ	ㅅ	ㅇ	ㅈ	ㅎ

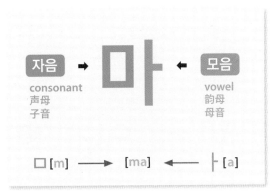

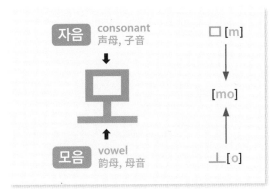

 1. 다음 글자를 읽으세요.
Read the following letters.

모음(V) 자음(C)	ㅏ [a]	ㅓ [ə]	ㅗ [o]	ㅜ [u]	ㅡ [ɨ]	ㅣ [i]	ㅐ [ɛ]	ㅔ [e]
ㅇ [∅]	아	어	오	우	으	이	애	에
ㄱ [g/k]	가	거	고	구	그	기	개	게
ㄴ [n]	나	너	노	누	느	니	내	네
ㄷ [d/t]	다	더	도	두	드	디	대	데
ㄹ [r/l]	라	러	로	루	르	리	래	레
ㅁ [m]	마	머	모	무	므	미	매	메
ㅂ [b/p]	바	버	보	부	브	비	배	베
ㅅ [s/sh]	사	서	소	수	스	시	새	세
ㅈ [ʨ/ʤ]	자	저	조	주	즈	지	재	제
ㅎ [h]	하	허	호	후	흐	히	해	헤

✏️ **2. 다음 글자를 쓰세요.**
Write the following letters.

모음(V) / 자음(C)	ㅏ	ㅓ	ㅗ	ㅜ	ㅡ	ㅣ	ㅐ	ㅔ
ㅇ	아	어	오	우	으	이	애	에
ㄱ								
ㄴ								
ㄷ								
ㄹ								
ㅁ								
ㅂ								
ㅅ								
ㅈ								
ㅎ								

🎧 **3. 듣고 맞는 글자에 ✓ 하세요.** 🎧 **5**
Listen and mark ✓ on the correct letter.

1) ☐ 가　☐ 바　　2) ☐ 너　☐ 머　　3) ☐ 도　☐ 소

4) ☐ 주　☐ 루　　5) ☐ 그　☐ 드　　6) ☐ 시　☐ 지

7) ☐ 배　☐ 매　　8) ☐ 데　☐ 레　　9) ☐ 아　☐ 하

4. 들은 글자를 찾아서 ◯ 하세요. 🎧6
Find the letters you've heard and mark it with ◯.

1)   2)

3)   4)

너	도	사	어	조
므	루	바	지	네
가	머	호	지	부
수	거	노	래	모

 5. 들은 글자를 쓰세요. 🎧7
Write the letters you've heard.

1) ⬜   2) ⬜   3) ⬜   4) ⬜   5) ⬜

6) ⬜   7) ⬜   8) ⬜   9) ⬜   10) ⬜

 6. 들은 글자를 쓰세요. 🎧8
Write the letters you've heard.

1) ⬜   2) ⬜

3) ⬜   4) ⬜

5) ⬜   6) ⬜

7) ⬜   8) ⬜

제2과

한글 2

MP3
Streaming

| 학습 목표 | 한글을 읽고 쓸 수 있다. |

1	자음 2	ㅊ, ㅋ, ㅌ, ㅍ
2 3	자음 3	ㄲ, ㄸ, ㅃ, ㅆ, ㅉ
4	모음 2	ㅑ, ㅕ, ㅛ, ㅠ, ㅒ, ㅖ

자음 Consonants	ㅊ	ㅋ	ㅌ	ㅍ
발음 Pronunciation	ㅈ+ㅎ → [cʰ]	ㄱ+ㅎ → [kʰ]	ㄷ+ㅎ → [tʰ]	ㅂ+ㅎ → [pʰ]
쓰는 순서 Writing order	ㅊ	ㅋ	ㅌ	ㅍ

1. 다음 글자를 읽으세요.
Read the following letters.

1) 차   2) 키   3) 태   4) 푸

5) 치타   6) 코피   7) 포크   8) 쿠키

2. 다음 글자를 쓰세요.
Write the following letters.

글자	ㅏ	ㅓ	ㅗ	ㅜ	ㅡ	ㅣ
ㅇ	아	어	오	우	으	이
ㅋ						
ㅌ						
ㅍ						
ㅊ						

🎧 **3. 듣고 맞는 글자에 ✔ 하세요.** Ⓜ 9
Listen and mark ✔ on the correct letter.

1) ☐ 더 ☐ 터   2) ☐ 초 ☐ 코   3) ☐ 트 ☐ 프

4) ☐ 가드 ☐ 카드   5) ☐ 비서 ☐ 피서   6) ☐ 재소 ☐ 채소

🎧 **4. 들은 글자를 찾아서 ◯ 하세요.** Ⓜ 10
Find the letters you've heard and mark it with ◯.

1)   2)

3)   4)

파	바	비	기	차
도	마	피	자	파
타	으	이	키	츠
다	조	그	크	조

🎧✏ **5. 들은 글자를 쓰세요.** Ⓜ 11
Write the letters you've heard.

1) ☐ 2) ☐ 3) ☐ 4) ☐ 5) ☐

6) ☐ 7) ☐ 8) ☐ 9) ☐ 10) ☐

🎧✏ **6. 들은 글자를 쓰세요.** Ⓜ 12
Write the letters you've heard.

1) 기 ☐   2) ☐ 도

3) ☐ 피   4) ☐ 마

자음 Consonants	ㄲ	ㄸ	ㅃ	ㅆ	ㅉ
발음 Pronunciation	[kk]	[tt]	[pp]	[ss]	[cc]
쓰는 순서 Writing order	ㄲ	ㄸ	ㅃ	ㅆ	ㅉ

1. 다음 글자를 읽으세요.
Read the following letters.

1)	까	2)	때	3)	뽀	4)	써
5)	꾸찌	6)	쓰떠	7)	뿌따	8)	짜빠

2. 다음 글자를 쓰세요.
Write the following letters.

글자	ㅏ	ㅓ	ㅗ	ㅜ	ㅡ	ㅣ
ㅇ	아	어	오	우	으	이
ㄲ						
ㄸ						
ㅃ						
ㅆ						
ㅉ						

🎧 3. 듣고 맞는 글자에 ✔ 하세요. Ⓜ 13

Listen and mark ✔ on the correct letter.

1) ☐ 자 ☐ 짜   2) ☐ 부 ☐ 뿌   3) ☐ 트 ☐ 뜨

4) ☐ 커서 ☐ 꺼서   5) ☐ 사고 ☐ 싸고   6) ☐ 조기 ☐ 조끼

🎧 4. 들은 글자를 찾아서 ◯ 하세요. Ⓜ 14

Find the letters you've heard and mark it with ◯.

1)   2)

토	끼	지	어	버
기	아	하	오	빠
찌	써	쓰	까	지
깨	개	기	가	치

3)   4)

🎧✏️ 5. 들은 글자를 쓰세요. Ⓜ 15

Write the letters you've heard.

1) ☐   2) ☐   3) ☐   4) ☐   5) ☐

6) ☐   7) ☐   8) ☐   9) ☐   10) ☐

🎧✏️ 6. 들은 글자를 쓰세요. Ⓜ 16

Write the letters you've heard.

1) ☐ 마   2) 아 ☐

3) ☐ 리   4) 머 리

모음 Vowels	ㅑ	ㅕ	ㅛ	ㅠ	ㅒ	ㅖ
발음 Pronunciation	[ya]	[yə]	[yo]	[yu]	[yɛ]	[ye]
글자 Letters	야	여	요	유	얘	예
쓰는 순서 Writing order	야	여	요	유	얘	예

 1. 다음 글자를 읽으세요.
Read the following letters.

1)	야	2)	요	3)	유	4)	얘
5)	여유	6)	예요	7)	야여	8)	유요

 2. 다음 글자를 쓰세요.
Write the following letters.

글자	ㅑ	ㅕ	ㅛ	ㅠ	ㅒ	ㅖ
쓰기	야	여	요	유	얘	예

🎧 3. 듣고 맞는 글자에 ✔ 하세요. Ⓜ 17

Listen and mark ✔ on the correct letter.

1) ☐ 야 ☐ 여   2) ☐ 교 ☐ 규   3) ☐ 혀 ☐ 효

4) ☐ 이우 ☐ 이유   5) ☐ 여야 ☐ 여유   6) ☐ 거우 ☐ 겨우

🎧 4. 들은 글자를 찾아서 ◯ 하세요. Ⓜ 18

Find the letters you've heard and mark it with ◯.

1)

2)

3)

4)

여	휴	쯔	우	표
우	혀	지	펴	유
더	또	도	시	계
씨	교	쿄	하	구

🎧✏ 5. 들은 글자를 쓰세요. Ⓜ 19

Write the letters you've heard.

1) ☐ 2) ☐ 3) ☐ 4) ☐ 5) ☐

6) ☐ 7) ☐ 8) ☐ 9) ☐ 10) ☐

🎧✏ 6. 들은 글자를 쓰세요. Ⓜ 20

Write the letters you've heard.

1) 우 ☐

2) ☐ 자

3) ☐ 수

4) ☐ 구

한글 3

MP3
Streaming

학습 목표 한글을 읽고 쓸 수 있다.

1	음절 구조 **2**	지음(Consonant) + 모음(Vowel) + 자음(Consonant)

2	받침 **1**	ㄴ, ㄹ, ㅁ, ㅇ

3 ---- 4	받침 **2**	① ㄱ, ㄲ, ㅋ ② ㄷ, ㅅ, ㅆ, ㅈ, ㅊ, ㅌ, ㅎ ③ ㅂ, ㅍ

1)

자음(C)		모음(V)		자음(C)		C	V	✏
ㅅ	+	ㅏ	+	ㄴ	=		C	
						ㅅ	ㅏ	산
							ㄴ	

2)

자음(C)		모음(V)		자음(C)		C	✏
ㅂ	+	ㅗ	+	ㅁ	=	V	
						C	
						ㅂ	봄
						ㅗ	
						ㅁ	

받침 1 Final consonants 1

	받침 Final consonants	발음 Pronunciation	예 Example			
1	ㄴ	[n]	산	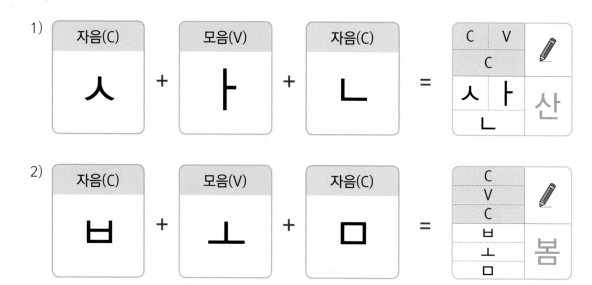	눈	
2	ㄹ	[l]	말		술	
3	ㅁ	[m]	밤		금	
4	ㅇ	[ŋ]	강		공	

1. 다음 글자를 읽으세요.
Read the following letters.

1) 손 2) 탈 3) 춤 4) 물 5) 링

6) 신발 7) 검정 8) 인형 9) 빨강

2. 다음 글자를 쓰세요.
Write the following letters.

받침 Final consonants		가	나	다	라	마	바	사	아	자	하
C	V	간									
C(ㄴ)											
C	V	갈									
C(ㄹ)											
C	V	감									
C(ㅁ)											
C	V	강									
C(ㅇ)											

3. 듣고 맞는 글자에 ✔ 하세요. 🎧 21
Listen and mark ✔ on the correct letter.

1) ☐ 결 ☐ 견 2) ☐ 굴 ☐ 궁 3) ☐ 손 ☐ 솜

4) ☐ 가방 ☐ 가발 5) ☐ 인삼 ☐ 인사 6) ☐ 사랑 ☐ 사람

7) ☐ 영어 ☐ 연어 8) ☐ 상자 ☐ 사자 9) ☐ 감자 ☐ 강자

4. 들은 글자를 찾아서 ◯ 하세요. 🎧 22
Find the letters you've heard and mark it with ◯.

1)
2)
3)
4)

춤	종	상	연	동
창	한	잔	울	남
문	천	강	삼	산
딸	물	안	술	날
궁	병	글	경	봄

🎧✏️ 5. 들은 글자를 쓰세요. 🎧 23
Write the letters you've heard.

1) ☐ 2) ☐ 3) ☐ 4) ☐ 5) ☐

6) ☐ 7) ☐ 8) ☐ 9) ☐ 10) ☐

🎧✏️ 6. 들은 글자를 쓰세요. 🎧 24
Write the letters you've heard.

1) ☐ 기
2) 고 ☐ 이

3) 당 ☐
4) ☐ 고 기

5) ☐ 대
6) 사 ☐ 기

	받침 Final consonants	발음 Pronunciation	예 Example
1	ㄱ, ㄲ, ㅋ	[k]	억, 읶, 엌 ➜ [억]
2	ㄷ, ㅅ, ㅆ, ㅈ, ㅊ, ㅌ, ㅎ	[t]	얻, 엇, 었, 엊, 엊, 엍, 엃 ➜ [얻]
3	ㅂ, ㅍ	[p]	업, 엎 ➜ [업]

 1. 다음 글자를 읽으세요.
Read the following letters.

1) **집**   2) **옆**   3) **밖**   4) **책**   5) **억**

6) **옷**   7) **꽃**   8) **돋**   9) **좋**   10) **있**

 2. 다음 글자를 쓰세요.
Write the following letters.

1) ㄴ + ㅏ + ㅈ = 낮

2) ㄷ + ㅓ + ㅍ = 덮

3) ㅇ + ㅓ + ㅋ = ☐

4) ㄱ + ㅕ + ㅂ = ☐

5) ㅅ + ㅣ + ㄷ = ☐

6) ㅂ + ㅏ + ㅌ = ☐

7) ㄴ + ㅏ + ㄲ = ☐

8) ㄴ + ㅗ + ㅎ = ☐

9) ㅊ + ㅏ + ㅊ = ☐

10) ㄷ + ㅡ + ㅅ = ☐

11) ㅇ + ㅠ + ㄱ = ☐

12) ㄱ + ㅏ + ㅆ = ☐

받침 2 Final consonants 2

3. 듣고 맞는 글자에 ✔ 하세요. 🎧 25
Listen and mark ✔ on the correct letter.

1) ☐ 곡　☐ 곳　2) ☐ 숲　☐ 숳　3) ☐ 낮　☐ 낚

4) ☐ 닭다　☐ 닫다　5) ☐ 부엌　☐ 부업　6) ☐ 입속　☐ 잇속

4. 들은 글자를 찾아서 ◯ 하세요. 🎧 26
Find the letters you've heard and mark it with ◯.

1)

2)

3)

4)

책	밥	곧	것	약
상	복	솥	속	국
납	벚	칫	받	굽
었	꽃	옷	솔	단

5. 들은 글자를 찾아 쓰세요. 🎧 27
Find the letters you've heard and write it down.

| 맛 | 컵 | 돌 | 옆 | 낯 | 책 |

1) _____　2) _____　3) _____　4) _____　5) _____

6. 글자를 따라 쓰고 읽으세요.
Write the letters and read it.

1) 지 갑

2) 생 각

3) 씨 앗

4) 연 꽃

7. 다음 단어를 읽으세요.
Read the following words.

1) 한국

2) 일본

3) 중국

4) 독일

5) 수업

6) 공부

7) 듣기

8) 말하기

9) 학교

10) 빵집

11) 옷가게

12) 슈퍼마켓

13) 택시

14) 사전거

15) 지하철

16) 비행기

한글 4

MP3
Streaming

학습 목표	한글을 읽고 쓸 수 있다.

1	모음 **3**	ㅚ, ㅝ, ㅙ, ㅖ, ㅚ, ㅟ, ㅢ

2 3	받침 **3**	ㅄ, ㄵ, ㄼ, ㄶ, ㅀ, ㄺ

4	문장 읽기	인사 표현, 교실 표현

모음 Vowels	ㅘ	ㅝ	ㅙ	ㅞ	ㅚ	ㅟ	ㅢ
발음 Pronunciation	[wa]	[wə]	[wɛ]	[we]	[we]	[wi]	[ɨy]
글자 Letters	와	워	왜	웨	외	위	의
쓰는 순서 Writing order	와	워	왜	웨	외	위	의

1. 다음 글자를 읽으세요.
Read the following letters.

1) 뷔 2) 뭐 3) 좌 4) 뇌 5) 궤

2. 다음 단어를 읽으세요.
Read the following words.

1) 바봐 2) 두둬 3) 쉬시 4) 이의

5) 네눼 6) 배봬 7) 죄쥐 8) 고과

3. 다음 글자를 쓰세요.
Write the following letters.

글자	와	워	왜	웨	외	위	의
쓰기	와	워	왜	웨	외	위	의

🎧 **4. 듣고 맞는 글자에 ✔ 하세요.** 🎧 **28**
Listen and mark ✔ on the correct letter.

1) ☐ 돼　☐ 뒤　　2) ☐ 과　☐ 괴　　3) ☐ 뭬　☐ 뭐

4) ☐ 의리 ☐ 외리　5) ☐ 화장 ☐ 휘장　6) ☐ 웨지 ☐ 워지

🎧 **5. 들은 글자를 찾아서 ◯ 하세요.** 🎧 **29**
Find the letters you've heard and mark it with ◯.

1) 　2)

3)　4)

기	귀	기	의	화
된	최	지	자	장
장	돼	되	뭐	실
워	뵈	화	모	자

🎧✏ **6. 들은 글자를 찾아 쓰세요.** 🎧 **30**
Find the letters you've heard and write it down.

의	봐	왜	회	쉬	놔

1) _____　2) _____　3) _____　4) _____　5) _____

👩 **7. 글자를 따라 쓰고 읽으세요.**
Write the letters and read it.

1) | 거 | 위 |　

2) | 흰 | 색 |　

3) | 과 | 자 |　

4) | 권 | 투 |

	받침 Final consonants	발음 Pronunciation	예 Example
1	ㅂㅅ	[p]	없 [업]
2	ㄴㅈ	[n]	앉 [안]
3	ㄹㅂ	[l]	넓 [널]
4	ㄴㅎ	[n]	많 [만]
5	ㄹㅎ	[l]	싫 [실]
6	ㄹㄱ	[k]	읽 [익]

 1. 다음 글자를 읽으세요.
Read the following letters.

1) 없다
2) 앉다
3) 넓다
4) 많다
5) 싫다
6) 읽다

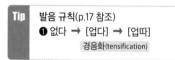

> **Tip** 발음 규칙(p.17 참조)
> ❶ 없다 ➡ [업다] ➡ [업따]　　　　　❷ 많다 ➡ [만-ㅎ-다] ➡ [만타]
> 　　　　　　경음화(tensification)　　　　　　　　　　　　　격음화(aspiration)

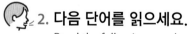 **2. 다음 단어를 읽으세요.**
Read the following words.

1) 넓어요
2) 읽어요
3) 싫어요
4) 앉아요

> **Tip** 발음 규칙(p.17 참조)
> ❶ 넓어요 ➡ [널버요]　　　　　❷ 싫어요 ⇨ [실어요] ⇨ [시러요]
> 　　　　연음(linking)　　　　　　　　　ㅎ탈락(ㅎdeletion)　연음(linking)

3. 다음 글자를 쓰세요.
Write the following letters.

글자	없	앉	넓	많	싫	읽
쓰기	없	앉	넓	많	싫	읽

 4. 듣고 맞는 글자에 ✓ 하세요. 🎙 **31**
Listen and mark ✓ on the correct letter.

1) ☐ 없다 ☐ 얼다

2) ☐ 끊고 ☐ 끌고

3) ☐ 앉아서 ☐ 안아서

4) ☐ 밝아요 ☐ 박아요

5. 노래를 배워 봅시다. 🎙 **32**
Let's learn a song.

1. 다음 인사말을 듣고 따라 읽으세요.
Listen and repeat the following greetings.

가: 안녕하세요?
How are you?

나: 안녕하세요?
How are you?

가: 만나서 반갑습니다
Nice to meet to you

나: 만나서 반갑습니다
Nice to meet to you

가: 안녕히 가세요.
Goodbye.
(said to someone leaving)

나: 안녕히 계세요.
Goodbye.
(said to someone staying)

가: 축하합니다.
Congratulations.

나: 감사합니다.
Thank you.

가: 미안합니다.
I'm sorry.

나: 괜찮아요.
That's OK.

가: 잘 먹겠습니다.
Thank you for the m

나: 맛있게 드세요.
Enjoy your meal.

2. 학생증을 만드세요.
Make a student ID card.

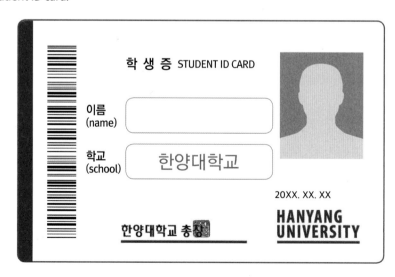

● **다음 교실 표현을 듣고 따라 읽으세요.**
Listen and repeat the following classroom expressions.

1) 읽으세요.
Read.

2) 잘 들으세요.
Listen carefully.

3) 쓰세요.
Write.

4) 여기를 보세요.
Look here.

5) 대답하세요.
Answer.

6) 따라하세요.
Repeat.

7) 숙제하세요.
Do your homework.

8) 외우세요.
Memorize it.

9) 잠깐만 기다리세요.
Wait a second.

10) 좋아요. 아주 잘했어요.
Good job. Well done.

11) 질문이 있어요?
Do you have any questions?

네, 질문이 있어요.
Yes. I have a question.

아니요, 질문이 없어요.
No. I don't.

12) 알겠어요?
Do you understand?

13) 알아요.
I understand.

몰라요.
I don't know.

저는 한나예요

MP3
Streaming

학습 목표	자기소개를 할 수 있다.

목표 문법	1 이에요/예요, 이에요/예요?　　　2 은/는

목표 어휘	선생님, 학생, 친구, 책, 책상, 의자, 가방, 휴대 전화, 한국 사람, 중국 사람, 일본 사람, 호주 사람, 미국 사람, 태국 사람, 영국 사람, 독일 사람

1. 다음 단어를 공부하세요.
Study the following words.

선생님

학생

친구

책

책상

의자

가방

휴대 전화

2. 다음 단어를 공부하세요.
Study the following words.

한국 사람

중국 사람

일본 사람

호주 사람

미국 사람

태국 사람

영국 사람

독일 사람

이에요/예요, 이에요/예요?

E 127쪽　中 132쪽　日 137쪽

❶ 책**이에요**.　　　　　　　　　❷ 친구**예요**.

명사 + 이에요/예요
명사(받침 O) + 이에요　　｜　　명사(받침 X) + 예요

1. 맞는 것에 ✔ 하세요.

Mark ✔ on the correct option.

1) ☐ 한국 사람이에요.　　☐ 한국 사람예요.

2) ☐ 휴대 전화이에요.　　☐ 휴대 전화예요.

3) ☐ 책상이에요.　　　　☐ 책상예요.

2. 맞는 것에 ✔ 하고 대화하세요.

Mark ✔ on the correct option and talk with your friends.

Tip　네=Yes / 아니요=No

1) 의자

가: ☐ 의자이에요?　☐ 의자예요?

나: ☐ 네. _____.

　　☐ 아니요. _____.

2) 선생님

가: ☐ 학생이에요?　☐ 학생예요?

나: ☐ 네. _____.

　　☐ 아니요. _____.

3. 다음을 넣어서 대화하세요.

Talk with your friends using the following words.

Tip　누구예요?=Who is (are)~?
무엇이에요?(=뭐예요?)=What is (are)~?

1) 가: 누구예요?

　　나: _____ 이에요/예요.

① 학생
② 민기
③ 닉쿤 씨

2) 가: 무엇이에요?

　　나: _____ 이에요/예요.

④ 책상
⑤ 휴대 전화
⑥ 가방

은/는

E 127쪽 **中** 132쪽 **日** 137쪽

❶ 니쿤은 태국 사람이에요.   ❷ 저는 선생님이에요.

명사 + 은/는	
명사(받침 O) + 은	명사(받침 X) + 는

1. 맞는 것에 ✔ 하세요.

Mark ✔ on the correct option.

1) 친구(☐은 ☐는) 학생이에요.

2) 뱅상(☐은 ☐는) 프랑스 사람이에요.

3) 선생님(☐은 ☐는) 한국 사람이에요.

4) 마리 씨(☐은 ☐는) 일본 사람이에요.

2. 다음과 같이 말하세요.

Fill the blanks below and try reading the sentences out loud.

보기   저는 <u>김지우</u>예요.

저는 <u>한국 사람</u>이에요.

1)

저는 _____이에요/예요.

저는 _____ 사람이에요.

2)

친구는 _____이에요/예요.

친구는 _____ 사람이에요.

33

한 나 안녕하세요? 저는 한나예요.

루카스 안녕하세요? 저는 루카스예요.

한 나 루카스 씨는 미국 사람이에요?

루카스 아니요. 저는 독일 사람이에요.
　　　　만나서 반가워요.

발음	독일 사람이에요 [도길싸라미에요]
단어와 표현	안녕하세요?　만나서 반가워요

문화
자기소개

1. 대화를 듣고 맞는 것에 ✔ 하세요.
Listen to the conversation, and mark ✔ on the correct option.

1) 첫인사 (☐ 안녕하세요?　☐ 감사합니다.)

2) 루카스는 (☐ 미국 사람　☐ 독일 사람)이에요.

2. 내용을 바꿔서 친구와 대화하세요.
Fill in the blanks using the words below and start a conversation with your friend.

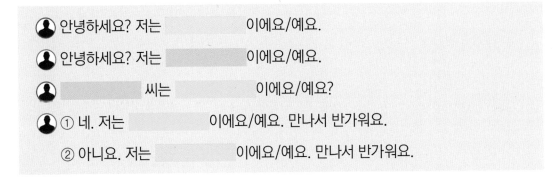

👤 안녕하세요? 저는 　　　　　 이에요/예요.

👤 안녕하세요? 저는 　　　　　 이에요/예요.

👤 　　　　　 씨는 　　　　　 이에요/예요?

👤 ① 네. 저는 　　　　　 이에요/예요. 만나서 반가워요.

　 ② 아니요. 저는 　　　　　 이에요/예요. 만나서 반가워요.

1) 김민기　한나　미국 사람

2) 마리　니쿤　중국 사람　태국 사람

3) 장웨이　마리　일본 사람

4) 김지우　뱅상　영국 사람　프랑스 사람

1. 다음과 같이 친구와 자기소개를 하세요.

Introduce yourself to your friends using the expressions below.

가: 안녕하세요? 저는 뱅상이에요.

나: 안녕하세요? 저는 제니예요.

가: 제니 씨는 미국 사람이에요?

나: 아니요. 저는 호주 사람이에요.
　　뱅상 씨는요?

가: 저는 프랑스 사람이에요.
　　학생이에요.

나: 저는 선생님이에요.
　　만나서 반가워요.

	이름	_____ 사람	학생 / 선생님 / ?
친구 1	제니	호주	선생님
친구 2			
친구 3			
친구 4			
친구 5			
친구 6			

1. 누구예요? 듣고 맞는 것에 ✔ 하세요. 🎧 34

Who is this? Listen and mark ✔ on the correct option.

1) (☐ 친구   ☐ 학생)

2) (☐ 학생   ☐ 선생님)

3) (☐ 닉쿤   ☐ 뱅상)

4) (☐ 영국 사람   ☐ 미국 사람)

2. 뭐예요? 듣고 맞는 것에 ✔ 하세요. 🎧 35

What is this? Listen and mark ✔ on the correct option.

1) (☐ 의자   ☐ 휴대 전화)

2) (☐ 책   ☐ 의자)

3) (☐ 책상   ☐ 책)

4) (☐ 가방   ☐ 책상)

3. 듣고 빈칸에 대답을 쓰세요. 🎧 36

Listen closely and fill the blanks.

	한국 사람이에요?	학생이에요? / 선생님이에요?
1) 루카스	_____ 사람	
2) 조유진	_____ 사람	
3) 닉쿤	_____ 사람	

1. 다음 글을 읽고 질문에 대답하세요.  37

Read the following text and answer the questions below.

김민기 씨예요.

김민기

한국 사람

김민기 씨예요.

민기 씨는 친구예요. 한국 사람이에요.

민기 씨는 대학생이에요.

> **단어와 표현** 대학생

1) 누구예요?

2) 민기 씨는 중국 사람이에요?

3) 민기 씨는 학생이에요?

2. 친구를 그리고 위와 같이 써 보세요.

Draw a picture of your friend, then write down the following.

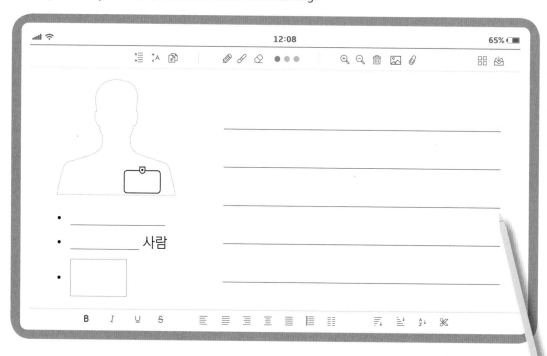

MP3
Streaming

사무실이 6층에 있어요

학습 목표	위치를 설명할 수 있다.

목표 문법	1 이/가	2 에 있어요/없어요

목표 어휘	공책, 필통, 볼펜, 칠판, 시계, 텔레비전, 컴퓨터, 에어컨, 학교, 교실, 사무실, 화장실, 일, 이, 삼, 사, 오, 육, 칠, 팔, 구, 십

1. 다음 단어를 공부하세요.

Study the following words.

공책

필통

볼펜

칠판

시계

텔레비전

컴퓨터

에어컨

2. 다음 단어를 공부하세요.

Study the following words.

학교

교실

사무실

화장실

3. 다음 단어를 공부하세요.

Study the following words.

1	2	3	4	5	6	7	8	9	10
일	이	삼	사	오	육	칠	팔	구	십

이/가

E 127쪽 **中** 132쪽 **日** 137쪽

❶ 친구 이름이 한나예요.　　　❷ 친구가 미국 사람이에요.

명사 + 이/가	
명사(받침 O) + 이	명사(받침 X) + 가

1. 맞는 것에 ✔ 하고 대화하세요.

Mark ✔ on the correct option and talk with your friends.

1) 가: 이름(☐ 이　☐ 가) 뭐예요?

　　나: 지우예요.

2) 가: 한나 씨(☐ 이　☐ 가) 미국 사람이에요?

　　나: 네. 미국 사람이에요.

3) 가: 친구(☐ 이　☐ 가) 학생이에요?

　　나: 아니요. 선생님이에요.

2. 다음을 넣어서 대화하세요.

Talk with your friends using the following words (sentences).

> 가: 친구 이름이 뭐예요?
>
> 나: _____이에요/예요.
>
> 가: _____이/가 어느 나라 사람이에요?
>
> 나: _____ 사람이에요.

1)
마리
일본

2)
니쿤
태국

3)
장웨이
중국

4)
뱅상
프랑스

에 있어요/없어요

E 127쪽 **中** 132쪽 **日** 137쪽

❶ 교실에 컴퓨터가 있어요.

= 컴퓨터가 교실에 있어요.

❷ 학교에 학생이 없어요.

= 학생이 학교에 없어요.

장소 명사 + 에 있어요/없어요

1. 그림을 보고 다음과 같이 대화하세요.

Look at the picture and start a conversation as below.

보기 가: 교실에 <u>컴퓨터가</u> 있어요?

나: 네. <u>컴퓨터가</u> 있어요.

가: 교실에 <u>칠판이</u> 있어요?

나: 아니요. <u>칠판이</u> 없어요.

1)
컴퓨터 (O)

2)
칠판 (X)

3)
공책 (O)

4)
시계 (X)

5)
텔레비전 (X)

6)
볼펜 (O)

7)
필통 (O)

8)
에어컨 (X)

2. 그림을 보고 다음 질문에 대답하세요.

Look at the picture, then answer the following questions.

가방에 뭐가 있어요? 뭐가 없어요?

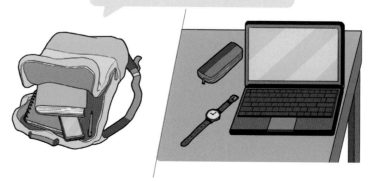

38

닉쿤 한나가 어디에 있어요?

마리 사무실에 있어요.

닉쿤 사무실이 7층에 있어요?

마리 아니요. 6층에 있어요.

발음	있어요 [이써요] 사무실에 [사무시레]

단어와 표현	어디 층

문화
한양대학교 국제교육원

1. 대화를 듣고 질문에 대답하세요.

Listen to the conversation and answer the questions.

1) 한나가 사무실에 있어요?

2) 사무실이 어디에 있어요?

2. 내용을 바꿔서 친구와 대화하세요.

Fill in the blanks using the words below and start a conversation with your friend.

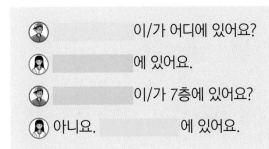

       이/가 어디에 있어요?

       에 있어요.

       이/가 7층에 있어요?

아니요.   에 있어요.

1) 닉쿤 한국어 교실 1층

2) 뱅상 화장실 3층

3) 루카스 컴퓨터 교실 2층

4) 장웨이 선생님 사무실 4층

1. 다음을 넣어서 대화하세요.
Talk with your friends using the following words (sentences).

> 가: 교실에 뭐가 있어요?
>
> 나: 교실에 책상이/가 있어요.

교실, 사무실, 방

책상, 의자, 칠판, 책, 공책, 필통, 볼펜, 휴대 전화, 가방, 컴퓨터, 텔레비전, 에어컨

2. 그림을 보고 대답하세요.
Look at the picture and answer the following questions.

Tip 누구 + 가 → 누가

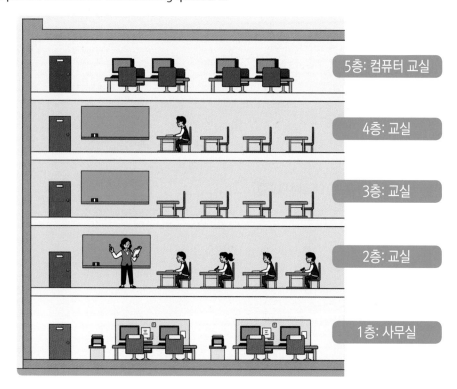

5층: 컴퓨터 교실

4층: 교실

3층: 교실

2층: 교실

1층: 사무실

1) 사무실이 어디에 있어요?

2) 사무실에 뭐가 있어요?

3) 어디에 교실이 있어요?

4) 2층 교실에 누가 있어요?

5) 4층에 누가 있어요?

6) 5층에 뭐가 있어요?

1. 방에 있어요, 없어요? 맞는 것에 ✔ 하세요. 🎧 39

Is it in the room or not? Mark ✔ on the correct option.

1)

☐ 있어요.
☐ 없어요.

2)

☐ 있어요.
☐ 없어요.

3)

☐ 있어요.
☐ 없어요.

4)

☐ 있어요.
☐ 없어요.

2. 다음을 듣고 맞는 것에 ✔ 하세요. 🎧 40

Listen and mark ✔ on the correct option.

1) 교실에 선생님이 (☐ 있어요.   ☐ 없어요.)

2) 책이 (☐ 방에   ☐ 가방에) 있어요.

3) (☐ 2층에   ☐ 5층에) 사무실이 있어요.

4) (☐ 에어컨이   ☐ 컴퓨터가) 한국어 교실에 있어요.

3. 듣고 알맞은 말을 쓰세요. 🎧 41

Listen and write the correct response.

1) 장웨이 씨가 _____에 있어요.

2) 컴퓨터 교실에 _____이/가 있어요.

3) _____에 화장실이 있어요.

4) 에어컨이 _____에 없어요.

1. 다음 글을 읽고 질문에 대답하세요. (M) 42

Read the following text and answer the questions below.

> 저는 한양대학교 학생이에요.
>
> 우리 학교에 국제교육원이 있어요.
>
> 국제교육원 7층에 한국어 교실이 있어요.
>
> 교실에 칠판, 책상, 의자가 있어요.
>
> 하지만 교실에 텔레비전이 없어요.

단어와 표현 우리   국제교육원   하지만

1) 한양대학교에 국제교육원이 있어요?   2) 교실이 어디에 있어요?

3) 교실에 뭐가 없어요?

2. 다음 질문을 보고 위와 같이 써 보세요.

Look at the following questions and write your own story.

| | 12:08 | 65% |

① 한국어 교실이 어디에 있어요?   ② 교실에 무엇이 있어요?   ③ 교실에 무엇이 없어요?

B I U S

제7과

바다가 유명해요

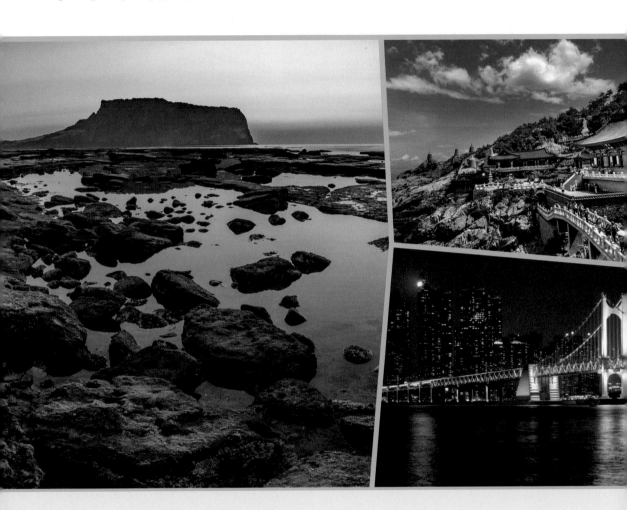

학습 목표	고향을 소개할 수 있다.

목표 문법	**1** -아요/어요/해요 **2** 안 ~

목표 어휘	고향, 산, 바다, 음식, 비싸다, 많다, 높다, 좋다, 멀다, 맛있다, 멋있다, 재미있다, 크다, 예쁘다, 유명하다, 깨끗하다

1. 다음 단어를 공부하세요.
Study the following words.

| 고향 | 산 | 바다 | 음식 |

2. 다음 단어를 공부하세요.
Study the following words.

비싸다	많다	높다	좋다
멀다	맛있다	멋있다	재미있다
크다	예쁘다	유명하다	깨끗하다

-아요/어요/해요

E 128쪽 中 133쪽 日 138쪽

❶ 시계가 비싸요. ❷ 김치가 맛있어요. ❸ 명동이 유명해요.

형용사 + 아요/어요/해요		
형용사(ㅏ, ㅗ) + 아요	형용사(ㅓ, ㅜ, ㅣ…) + 어요	형용사(-하다) → -해요

ㅏ, ㅗ	비싸다	+ 아요	비싸아요 → 비싸요	
	많다		많아요	
	높다		높아요	
	좋다		좋아요	
ㅓ, ㅜ, ㅣ…	멀다	+ 어요	멀어요	
	맛있다		맛있어요	
	멋있다		멋있어요	
	재미있다		재미있어요	
ㅡ	크다	+ 어요	크어요 → 커요	
	예쁘다		예쁘어요 → 예뻐요	
-하다	유명하다	→ 해요	유명해요	
	깨끗하다		깨끗해요	

> **Tip** '으' 탈락
> When a word ending with the vowel '一' is used with a grammar pattern that begins with a different vowel ('ㅓ,' 'ㅏ,' etc.), the vowel '一' disappears.

1. 다음 표를 완성하세요.
Complete the following table.

1	많다	⟮-아요⟯/어요/해요	많아요
2	높다	-아요/어요/해요	
3	예쁘다	-아요/어요/해요	
4	유명하다	-아요/어요/해요	

2. 다음과 같이 대화하세요.
Talk with your friends using the expressions below.

한국 음식, 맛있다

보기 가: 한국 음식이 어때요?

나: 맛있어요.

1) 한양대학교, 좋다   2) 휴대 전화, 비싸다   3) 텔레비전, 재미있다

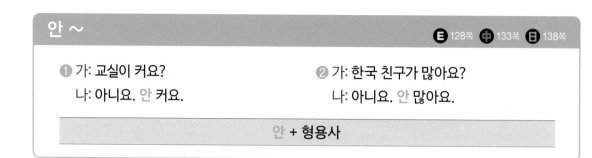

안 ～

E 128쪽 **中** 133쪽 **日** 138쪽

❶ 가: 교실이 커요?

　나: 아니요. 안 커요.

❷ 가: 한국 친구가 많아요?

　나: 아니요. 안 많아요.

안 + 형용사

1. 다음과 같이 대화하세요.

Talk with your friends using the expressions below.

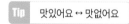

Tip　맛있어요 ↔ 맛없어요

산이 높아요?

보기　가: 산이 높아요?

　　　나: 아니요. 안 높아요.

1) 옷이 커요?

2) 가방이 비싸요?　5,000원

3) 집이 멀어요?

4) 음식이 맛있어요?

2. 다음과 같이 대화하세요.

Talk with your friends using the expressions below.

보기　가: 고향 집이 커요?

　　　나: ☐ 네. 커요.　☑ 아니요. 안 커요.

① ☐

② ☑

	친구 1	친구 2
1) 고향이 어디예요?		
2) 고향이 멀어요?	☐ 네. _____ ☐ 아니요. _____	☐ 네. _____ ☐ 아니요. _____
3) 고향에 사람이 많아요?	☐ 네. _____ ☐ 아니요. _____	☐ 네. _____ ☐ 아니요. _____
4) 고향 음식이 유명해요?	☐ 네. _____ ☐ 아니요. _____	☐ 네. _____ ☐ 아니요. _____

43

한나	민기 씨, 고향이 어디예요?
민기	제 고향은 속초예요.
	설악산이 유명해요. 아주 예뻐요.
한나	속초가 서울에서 멀어요?
민기	아니요. 안 멀어요.

발음 설악산이 [서락싸니] 서울에서 [서우레서] 멀어요 [머러요]

단어와 표현 속초 설악산 아주 에서 (멀다)

문화 속초

1. 대화를 듣고 질문에 대답하세요.
Listen to the conversation and answer the questions.

1) 민기 씨 고향이 어디예요?

2) 민기 씨 고향이 어때요? ① 설악산이 _____ ② 서울에서 _____

2. 내용을 바꿔서 친구와 대화하세요.
Fill in the blanks using the words below and start a conversation with your friend.

👩 _____ 씨, 고향이 어디예요?

👨 제 고향은 _____ 이에요/예요. _____ 이/가 유명해요.

아주 _____ -아요/어요/해요.

👩 _____ 이/가 서울에서 멀어요?

👨 ☐ 네. _____ -아요/어요/해요. ☐ 아니요. _____ -아요/어요/해요.

1) 인천 바다 크다 안 멀다

2) 전주 비빔밥 맛있다 안 멀다

3) 제주도 산 높다 멀다

4) 부산 바다 예쁘다 멀다

1. 다음을 넣어서 대화하세요.

Talk with your friends using the following words (sentences).

크다　높다　좋다　비싸다　예쁘다　(멋있다)　맛있다　유명하다　깨끗하다

① 경복궁

② 설악산

③ 비빔밥

⑥ 귤

⑤ 생선회

④ 해운대 바다

가: 이게 뭐예요?

나: ___경복궁___이에요/예요.

가: ___경복궁___이/가 어때요?

나: 아주 ___멋있___-아요/어요/해요.

2. 다음과 같이 문제를 만들고 대화하세요.

Make your own question and start a conversation with your friends.

서울　전주　부산　속초　제주도　?

여기는 어디예요?

1) 바다가 유명해요.

2) 바다가 아주 예뻐요.

3) 생선회가 맛있어요.
　　　　：

부산이에요

크다　좋다　높다　많다　멀다
예쁘다　맛있다　유명하다　재미있다

1. 듣고 맞는 것에 ✔ 하세요. 🎧 44

Listen and mark ✔ on the correct option.

1)
□ 비싸요.
□ 안 비싸요.

2)
□ 많아요.
□ 안 많아요.

3)
□ 재미있어요.
□ 재미없어요.

4)
□ 유명해요.
□ 안 유명해요.

2. 듣고 맞으면 ○ 틀리면 X 하세요. 🎧 45

Listen and mark O if correct and X if incorrect.

1) ㉮ 한나 씨는 미국 사람이에요. (   )

   ㉯ 한나 씨 고향이 안 커요. (   )

2) ㉮ 한라산이 제주도에 있어요. (   )

   ㉯ 한라산이 높아요. (   )

3) ㉮ 로안 씨는 베트남 사람이에요. (   )

   ㉯ 베트남이 한국에서 멀어요. (   )

4) ㉮ 지우 씨 고향은 서울이에요. (   )

   ㉯ 지우 씨 고향은 생선회가 유명해요. (   )

3. 듣고 빈칸에 대답을 쓰세요. 🎧 46

Listen closely and fill the blanks.

	고향이 어디예요?	고향이 어때요?
마리 씨		
마이클 씨		

1. 다음 글을 읽고 질문에 대답하세요. 🎧 47

Read the following text and answer the questions below.

제 고향은 이탈리아 나폴리예요.

나폴리는 바다가 유명해요. 아주 예뻐요.

그리고 음식이 유명해요.

피자가 맛있어요.

제 고향에 사람이 정말 많아요.

제 고향 사람들이 좋아요.

단어와 표현　이탈리아　나폴리　그리고　피자　정말

1) 고향이 어디예요?　　　　　　　　　2) 뭐가 유명해요?

3) 고향이 어때요?

2. 다음 질문을 보고 위와 같이 써 보세요.

Look at the following questions and write your own story.

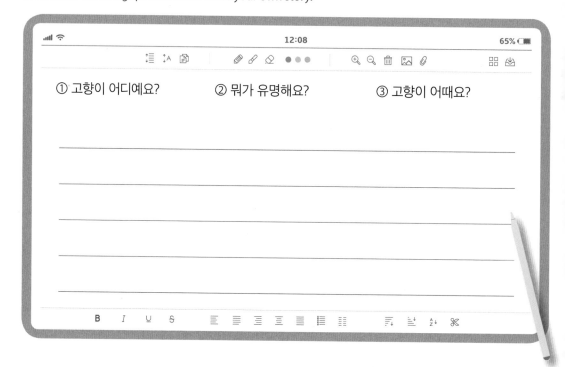

① 고향이 어디예요?　　② 뭐가 유명해요?　　③ 고향이 어때요?

제8과

커피를 마셔요

학습 목표	지금 하는 일을 말할 수 있다.	
목표 문법	**1** -아요/어요/해요	**2** 을/를
목표 어휘	식당, 카페, 밥, 빵, 과일, 과자, 물, 우유, 커피, 주스, 먹다, 마시다, 보다, 자다, 만나다, 말하다, 공부하다, 좋아하다	

1. 다음 단어를 공부하세요.
Study the following words.

식당

카페

밥

빵

과일

과자

물

우유

커피

주스

2. 다음 단어를 공부하세요.
Study the following words.

먹다

마시다

보다

자다

만나다

말하다

공부하다

좋아하다

−아요/어요/해요

E 128쪽　**中** 133쪽　**日** 138쪽

❶ 한나 씨가 자요.　❷ 마리 씨가 식당에 있어요.　❸ 민기 씨가 공부해요.

동사 + 아요/어요/해요		
동사(ㅏ, ㅗ) + 아요	동사(ㅓ,ㅜ, ㅣ…) + 어요	동사(−하다) → 해요

ㅏ, ㅗ	자다	+ 아요	자아요 → 자요
	만나다		만나아요 → 만나요
	보다		보아요 → 봐요
ㅓ, ㅜ, ㅣ…	있다	+ 어요	있어요
	먹다		먹어요
	마시다		마시어요 → 마셔요
−하다	말하다	→ 해요	말해요
	공부하다		공부해요
	좋아하다		좋아해요

1. 다음과 같이 쓰고 말하세요.

Write and speak as below.

보기 먹다
→ __먹어요__

1)

자다

→ _____

2)

만나다

→ _____

3)

마시다

→ _____

4)

보다

→ _____

5)

좋아하다

→ _____

을/를

E 129쪽 **中** 133쪽 **日** 139쪽

❶ 마리 씨가 밥을 먹어요.   ❷ 한나 씨가 커피를 마셔요.

명사 + 을/를	
명사(받침 ○) + 을	명사(받침 X) + 를

1. 다음과 같이 대화하세요.

Talk with your friends using the expressions below.

Tip	무엇을 = 뭘 = 뭐

밥

보기 가: 뭐 먹어요?

나: <u>밥을</u> 먹어요.

1)

빵

2)
과자

3)
과일

4)
피자

2. 다음과 같이 말하세요.

Fill the blanks below and try reading the sentences out loud.

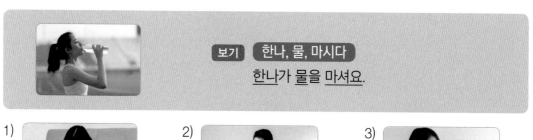

보기 한나, 물, 마시다
<u>한나가</u> 물을 <u>마셔요.</u>

1)

친구, 라면, 먹다

2)
루카스, 햄버거, 좋아하다

3)
선생님, 커피, 마시다

4)

민기, 친구, 만나다

5)

뱅상, 텔레비전, 보다

6)

마리, 빵, 좋아하다

민기	한나 씨, 지금 뭐 해요? 공부해요?
한나	아니요. 공부 안 해요. 커피를 마셔요.
민기	지금 어디에 있어요?
한나	카페에 있어요.

발음	있어요 [이써요]
단어와 표현	지금 하다

문화
성수동 카페거리

1. 대화를 듣고 질문에 대답하세요.

Listen to the conversation and answer the questions.

1) 한나가 지금 무엇을 해요?

2) 한나가 어디에 있어요?

2. 내용을 바꿔서 친구와 대화하세요.

Fill in the blanks using the words below and start a conversation with your friend.

👨 _____ 씨, 지금 뭐 해요? 공부해요?

👩 아니요. 공부 안 해요. _____ 을/를 _____ -아요/어요/해요.

👨 지금 어디에 있어요?

👩 _____ 에 있어요.

1) 저녁 먹다 식당

2) 아침 먹다 제방

3) 친구 만나다 영화관

4) 게임 하다 PC방

1. 다음과 같이 대화하세요.

Talk with your friends using the expressions below.

카페	식당	학교	방	PC방
커피/우유	점심/저녁	한국어/영어	TV/유튜브	게임/숙제
마시다	먹다	공부하다	보다	하다

가: 지금 어디에 있어요?

나: 카페에 있어요.

가: 커피를 마셔요?

나: ① 네. 커피를 마셔요.

   ② 아니요. 우유를 마셔요.

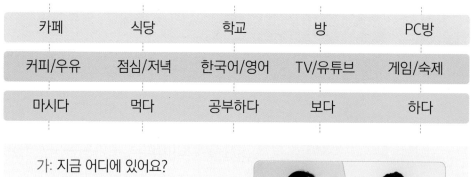

2. 메뉴를 보고 다음과 같이 대화하세요.

Look at the menu below and start a conversation with your friends.

1)

카페

커피 …… 5,500원
주스 …… 6,000원
우유 …… 4,000원
빵 …… 4,000원
과자 …… 3,000원
케이크 … 8,000원

가: _____ 씨는 뭘 좋아해요?

나: 저는 빵을 좋아해요.

가: 빵을 자주 먹어요.

2)

식당

콜라 2,000원
맥주 6,000원
햄버거 6,000원
치킨 23,000원
피자 25,000원

가: 치킨을 좋아해요?

나: ① 네. 치킨을 좋아해요.

   ② 아니요. 치킨을 안 좋아해요.

   피자를 좋아해요.

1. 듣고 맞는 것에 ✔ 하세요. (M) 49

Listen and mark ✔ on the correct option.

1) 식당

☐ ㉮　　　☐ ㉯

2) 카페

☐ ㉮　　　☐ ㉯

3) 집

☐ ㉮　　　☐ ㉯

2. 듣고 맞는 것을 연결하세요. (M) 50

Listen and match the right options.

1)　　　　2)　　　　3)　　　　4)
•　　　　•　　　　•　　　　•

•　　　　•　　　　•　　　　•
㉮　　　　㉯　　　　㉰　　　　㉱

3. 듣고 빈칸에 대답을 쓰세요. (M) 51

Listen closely and fill the blanks.

Tip	을/를
	During a normal conversation, the postposition "을/를"is often omitted.

Listen closely and fill the blanks.

	무엇을 먹어요?	그 음식이 어때요?
한나		
닉쿤		

1. **다음 글을 읽고 질문에 대답하세요.** 🎧 52
   Read the following text and answer the questions below.

> 저는 지금 식당에 있어요. 친구를 만나요.
>
> 우리는 피자를 먹어요.
>
> 피자가 맛있어요.
>
> 저는 콜라를 좋아해요. 콜라를 마셔요.
>
> 친구는 콜라를 안 좋아해요. 주스를 마셔요.
>
> 우리는 한국말을 많이 해요.
>
> 한국말이 재미있어요.

> **단어와 표현** 한국말 많이

1) 이 사람은 어디에 있어요?

2) 이 사람은 누구를 만나요?

3) 이 사람은 무엇을 좋아해요?

4) 친구는 무엇을 마셔요?

2. **다음 질문을 보고 위와 같이 써 보세요.**
   Look at the following questions and write your own story.

| ▥ ↕A ▤ | ✎ ✑ ◇ ● ● ● | 12:08 | ⊕ ⊖ 🗑 🖼 📎 | 65% 🔋 | 📷 |

① 지금 어디에 있어요?　　② 누구를 만나요?　　③ 무엇을 해요? 어때요?

_____

_____

_____

_____

_____

B *I* U S 　≡ ≡ ≡ ≡ ≡ ≡ ≡ 　☰ ☷ ↕ ✂

비빔밥 하나 주세요

학습 목표	가격을 묻고 음식을 주문할 수 있다.	
목표 문법	**1** –으세요/세요	**2** 하고
목표 어휘	비빔밥, 삼겹살, 불고기, 냉면, 된장찌개, 김치찌개, 김밥, 떡볶이, 십, 백, 천, 만, 원, 오다, 가다, 주다, 기다리다, 앉다	

1. 다음 단어를 공부하세요.

Study the following words.

불고기 / 삼겹살 / 된장찌개 / 김치찌개

김밥 / 비빔밥 / 냉면 / 떡볶이

오다 / 가다 / 주다 / 앉다 / 기다리다

2. 다음 단어를 공부하세요.

Study the following words.

10	100	1,000	10,000
십	백	천	만

 십 원 (₩10)

 오십 원 (₩50)

 백 원 (₩100)

 오백 원 (₩500)

 천 원 (₩1,000)

 오천 원 (₩5,000)

 만 원 (₩10,000)

 오만 원 (₩50,000)

–으세요/세요

E 129쪽 中 134쪽 日 139쪽

❶ 앉으세요.   **❷ 보세요.**

동사 + 으세요/세요			
동사(받침 ○) + 으세요			동사(받침 X) + 세요
받침 ○	앉다	+ 으세요	여기 앉으세요.
받침 X	오다	+ 세요	어서 오세요.
	가다		안녕히 가세요.
	보다		메뉴판을 보세요.
	주다		물 좀 주세요.
	기다리다		잠깐만 기다리세요.
	*먹다 → 드시다		많이 드세요.
	*마시다 → 드시다		우유를 드세요.

> **Tip**
> **하나**
> 1 → 하나, 2 → 둘, 3 → 셋
>
> **을/를**
> When speaking, "을/를" is often omitted.

1. 다음과 같이 말하세요.

Fill the blanks below and try reading the sentences out loud.

 비빔밥
하나

보기 ① 비빔밥 주세요.
② 비빔밥 하나 주세요.

1)  떡볶이
하나

2)  불고기
하나

3)  삼겹살
하나

4)  김치찌개
하나

하고

🇪 129쪽 🇨 134쪽 🇯 139쪽

❶ 밥하고 된장찌개를 먹어요.　　　❷ 햄버거하고 콜라를 주세요.

명사 + 하고

1. 다음과 같이 말하세요.

Fill the blanks below and try reading the sentences out loud.

보기 | 빵 + 우유 | 빵하고 우유를 주세요.

1) 비빔밥 + 된장찌개 　　　　　2) 불고기 + 냉면

3) 떡볶이 + 김밥 　　　　　　　4) 삼겹살 + 김치찌개

2. 다음과 같이 대화하세요.

Talk with your friends using the expressions below.

> **Tip** 얼마예요?
> This is used when asking the price of an item.

 +

빵 ₩2,000　　우유 ₩1,500

₩3,500

보기 가: 빵 하나하고 우유 하나 주세요.
　　　얼마예요?
　　나: 삼천 오백 원이에요.

1)
 +

비빔밥 ₩12,000　　된장찌개 ₩8,000

₩20,000

2)
 +

불고기 ₩25,000　　냉면 ₩10,000

₩35,000

3)
 +

떡볶이 ₩4,500　　김밥 ₩4,000

₩8,500

4)
 +

삼겹살 ₩17,000　　김치찌개 ₩8,000

₩25,000

🎧 53

닉쿤	여기요.
주인	뭘 드릴까요?
닉쿤	비빔밥 하나하고 된장찌개 하나 주세요.

-------------- 식사 후 --------------

닉쿤	얼마예요?
주인	모두 이만 이천 원이에요.

발음 비빔밥 [비빔빱]   이천 원이에요 [이처눠니에요]

단어와 표현 여기요   뭘 드릴까요?   얼마예요?   모두

문화
전주
비빔밥 축제

1. 대화를 듣고 질문에 대답하세요.
Listen to the conversation and answer the questions.

1) 무엇을 먹어요?

2) 모두 얼마예요?

Tip

여기요.
This is used when calling a waiter/waitress (or owner) at a restaurant.

뭘 드릴까요?
This is used when the waiter/waitress (or owner) asks the customer what to order in a restaurant.

2. 내용을 바꿔서 친구와 대화하세요.
Fill in the blanks using the words below and start a conversation with your friend.

😀 여기요.

😀 뭘 드릴까요?

😀 _____ 하고 _____ 주세요. 얼마예요?

😀 모두 _____ 원이에요.

1) 삼겹살 된장찌개 ₩26,000

2) 불고기 비빔밥 ₩32,000

3) 피자 콜라 ₩18,000

4) 김밥 김치찌개 ₩15,000

1. 메뉴를 보고 다음과 같이 대화하세요.

Look at the menu below and start a conversation with your friends.

주인: 어서 오세요. 뭘 드릴까요?

손님: 이 식당은 뭐가 맛있어요?

주인: 갈비가 맛있어요.

손님: 갈비 하나하고 맥주 하나 주세요.

주인: 네. 잠깐만 기다리세요.

--------------- 식사 후 ---------------

손님: 얼마예요?

주인: 모두 삼만 천 원이에요.

손님: 여기요.

주인: 감사합니다. 안녕히 가세요.

한양 버거

햄버거	₩ 6,500
피자	₩ 27,000
치킨	₩ 23,000
콜라	₩ 2,500
주스	₩ 3,000
커피	₩ 3,000

서울 떡볶이

떡볶이	₩ 5,000
라 면	₩ 4,500
김 밥	₩ 4,000
콜 라	₩ 2,500
사이다	₩ 2,500
우 유	₩ 2,000

한국 식당

삼겹살	₩ 16,000
갈비	₩ 25,000
된장찌개	₩ 8,000
김치찌개	₩ 8,000
소주	₩ 5,000
맥주	₩ 6,000

1. 듣고 맞는 것에 ✔ 하세요. 🎧 54

Listen and mark ✔ on the correct option.

1) ☐ ₩3,300   ☐ ₩33,000

2) ☐ ₩1,500   ☐ ₩2,500

3) ☐ ₩74,000   ☐ ₩76,000

4) ☐ ₩89,000   ☐ ₩98,000

> **Tip** 많이 주세요.
> The amount of tteokbokki per person may vary by each restaurant. So, when ordering, Koreans often say, "Give me a lot."

2. 듣고 맞는 것을 연결하세요. 🎧 55

Listen and match the right options.

1) •    • 불고기 •   • 김밥

2) •    • 떡볶이 •   • 냉면

3) •   • 비빔밥 •   • 김치찌개

4) •   • 삼겹살 •   • 된장찌개

3. 듣고 빈칸에 대답을 쓰세요. 🎧 56

Listen closely and fill the blanks.

	뭐가 맛있어요?	무엇을 먹어요?	
1)		①	②
2)		①	②

1. 다음 글을 읽고 질문에 대답하세요. 🎧 57

Read the following text and answer the questions below.

지금 친구하고 저는 한국 식당에 있어요.

친구는 한국 음식을 정말 좋아해요.

우리는 삼겹살하고 냉면하고 된장찌개를 먹어요.

삼겹살은 만 오천 원이에요.

냉면은 팔천 원이에요.

된장찌개는 육천 원이에요.

모두 이만 구천 원이에요.

> **단어와 표현** 한국 식당 한국 음식

1) 지금 어디에 있어요?

2) 친구는 무엇을 좋아해요?

3) 무엇을 먹어요?

4) 모두 얼마예요?

2. 다음 질문을 보고 위와 같이 써 보세요.

Look at the following questions and write your own story.

① 지금 어디에 있어요?　　② 무엇을 먹어요?　　③ 모두 얼마예요?

_____

_____

_____

_____

몇 개 드릴까요?

학습 목표	가게에서 물건을 구매할 수 있다.

목표 문법	**1** 에서 **2** 몇 ~?

목표 어휘	시장, 가게, 남자, 여자, 차, 사과, 인형, 화장품, 열쇠고리, 하나, 둘, 셋, 넷, 다섯, 여섯, 일곱, 여덟, 아홉, 열, 명, 병, 잔, 권, 개, 사다, 팔다, 구경하다

1. 다음 단어를 공부하세요.
Study the following words.

| 시장 | 가게 | 사다 ↔ 팔다 | 구경하다 |

2. 다음 단어를 공부하세요.
Study the following words.

1	2	3	4	5	6	7	8	9	10
하나 (한)	둘 (두)	셋 (세)	넷 (네)	다섯	여섯	일곱	여덟	아홉	열

3. 다음 단어를 공부하세요.
Study the following words.

1)

남자　　여자　　＿＿ 명

2)

콜라　　맥주　　＿＿ 병

3)

차　　커피　　＿＿ 잔

4)

책　　공책　　＿＿ 권

5)

사과　　인형　　화장품　　열쇠고리　　＿＿ 개

에서

E 129쪽 **中** 134쪽 **日** 139쪽

❶ 저는 학교에서 공부해요.　　　❷ 친구는 명동에서 화장품을 사요.

장소 명사 + 에서

1. 다음과 같이 대화하세요.

Talk with your friends using the expressions below.

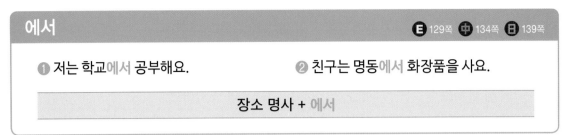

친구를 만나다
카페

보기　가: 어디에서 친구를 만나요?
　　　나: 카페에서 만나요.

1) 점심을 먹다 / 집
2) 옷을 구경하다 / 시장
3) 친구를 기다리다 / 학교
4) 인형을 사다 / 가게

2. 다음과 같이 알맞은 것을 연결하고 대화하세요.

Match the right options and start a conversation with your friends.

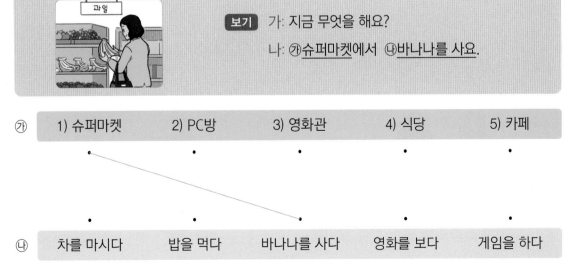

보기　가: 지금 무엇을 해요?
　　　나: ㉮슈퍼마켓에서 ㉯바나나를 사요.

㉮ 1) 슈퍼마켓　　2) PC방　　3) 영화관　　4) 식당　　5) 카페

㉯ 차를 마시다　　밥을 먹다　　바나나를 사다　　영화를 보다　　게임을 하다

몇 ~?

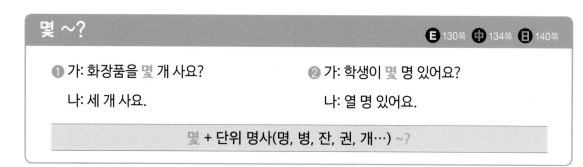

🇪 130쪽　🇨 134쪽　🇯 140쪽

❶ 가: 화장품을 **몇** 개 사요?

　 나: 세 개 사요.

❷ 가: 학생이 **몇** 명 있어요?

　 나: 열 명 있어요.

몇 + 단위 명사(명, 병, 잔, 권, 개…) ~?

1. 다음과 같이 대화하세요.
Talk with your friends using the expressions below.

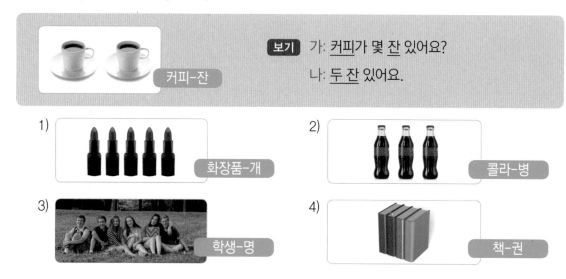

커피-잔

보기　가: 커피가 몇 잔 있어요?

　　　나: 두 잔 있어요.

1) 화장품-개

2) 콜라-병

3) 학생-명

4) 책-권

2. 다음과 같이 대화하세요.
Talk with your friends using the expressions below.

공책-권

보기　가: 공책 몇 권 드릴까요?

　　　나: 일곱 권 주세요.

1) 가방-개

2) 차-잔

3) 맥주-병

4) 열쇠고리-개

🎧 **58**

닉쿤　지우 씨, 이거 어디에서 팔아요?

지우　아, 귤요? 슈퍼마켓에서 팔아요.

-------- 슈퍼마켓에서 --------

닉쿤　아주머니, 여기 귤 있어요?

주인　네. 몇 개 드릴까요?

닉쿤　열 개 주세요.

발음	팔아요 [파라요]　귤요 [귤료]　몇 개 [멷깨]　열 개 [열깨]

단어와 표현	귤　아주머니　드릴까요?

문화	
광장시장	

1. 대화를 듣고 질문에 대답하세요.

Listen to the conversation and answer the questions.

1) 어디에서 무엇을 사요?　　　　2) 몇 개 사요?

2. 내용을 바꿔서 친구와 대화하세요.

Fill in the blanks using the words below and start a conversation with your friend.

> 🧑 지우 씨, 이거 어디에서 팔아요?
>
> 🧑 아, ＿＿＿＿＿＿요? ＿＿＿＿＿＿에서 팔아요.
>
>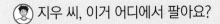
>
> 🧑 아주머니, 여기 ＿＿＿＿＿ 있어요?
>
> 🧑 네. 몇 ＿＿＿＿＿ 드릴까요?
>
> 🧑 ＿＿＿＿＿＿＿＿＿ 주세요.

1) 수첩 문구점 권 1　　　　2) 막걸리 슈퍼마켓 병 4

3) 유자차 카페 잔 2　　　　4) 열쇠고리 시장 개 10

1. 가게에서 다음과 같이 대화하세요.
Try starting a conversation at a store.

가: 어서 오세요.

나: 이 <u>운동화</u> 한 <u>켤레</u>에 얼마예요?

가: <u>육만 오천</u> 원이에요.

나: 비싸요. 좀 깎아 주세요.

가: ① 그럼 <u>육만 원</u> 주세요. / ② 안 돼요.

나: 알겠어요. 이거 주세요.

| Tip | **'깎아 주세요'** This is used when shopping in markets and stores and when you want to buy something for a reasonable price. |

1) **빵집에서 - ___ 개**

식빵 ₩12,800

도넛 ₩3,500

2) **과일 가게에서 - ___ 개**

사과 ₩2,300

배 ₩4,200

3) **옷 가게에서 - ___ 벌**

바지 ₩50,000

치마 ₩42,000

4) **선물 가게에서 - ___ 개**

인형 ₩11,000

열쇠고리 ₩6,900

1. 친구들이 어디에서 무엇을 해요? 듣고 맞는 것을 연결하세요. 🎧 59

Where are your friends and what are they doing? Listen and match.

1) 지우	2) 뱅상	3) 마리	4) 루카스
•	•	•	•

 신발 가게    집    식당    카페

㉮ 구경해요.   ㉯ 친구를 만나요.   ㉰ 공부해요.   ㉱ 텔레비전을 봐요.

2. 듣고 맞는 것을 연결하세요. 🎧 60

Listen and match the right options.

옷 가게

빵집

슈퍼마켓

1) •

2) •

3) •

• ㉮ 6개
• ㉯ 8개

• ㉰ 1벌
• ㉱ 2벌

• ㉲ 3병
• ㉳ 4병

3. 듣고 질문에 답하세요. 🎧 61

Listen and answer the questions.

	어디에서 사요?		몇 ____이에요/예요?	모두 얼마예요?	
1)	☐ 카페	☐ 슈퍼마켓	_____ 잔	☐ 4,500원	☐ 13,500원
2)	☐ 옷 가게	☐ 신발 가게	_____ 벌	☐ 89,000원	☐ 80,000원

1. 다음 글을 읽고 질문에 대답하세요. ⓜ 62
Read the following text and answer the questions below.

저는 자주 명동에서 쇼핑해요.

명동에 가게가 많이 있어요.

옷 가게하고 신발 가게하고 가방 가게가 있어요.

저는 가방 가게에서 여행 가방을 사요.

이 가방은 한 개에 십만 오천 원이에요.

새 가방이 정말 좋아요.

> **단어와 표현** 자주 쇼핑하다 여행 가방 새

1) 어디에서 쇼핑해요? 2) 거기에 뭐가 많이 있어요?

3) 어디에서 무엇을 사요? 4) 그것이 얼마예요? 어때요?

2. 다음 질문을 보고 위와 같이 써 보세요.
Look at the following questions and write your own story.

① 어디에서 쇼핑해요? ② 어디에서 무엇을 사요? ③ 그것이 얼마예요? 어때요?

제**11**과

우리 어디에 갈까요?

MP3
Streaming

학습 목표	의견을 묻거나 제안할 수 있다.

목표 문법	**1** 에 가다 **2** –을까요?/ㄹ까요?

목표 어휘	집, 공원, 도서관, 운동장, 영화관, 미술관, 공연장, 놀이공원, 쉬다, 놀다, 등산하다, 운동하다, 책을 읽다, 사진을 찍다, 콘서트를 보다, 자전거를 타다

1. 다음 단어를 공부하세요.

Study the following words.

집

공원

도서관

운동장

영화관

미술관

공연장

놀이공원

2. 다음 단어를 공부하세요.

Study the following words.

쉬다

놀다

등산하다

운동하다

책을 읽다

사진을 찍다

콘서트를 보다

자전거를 타다

에 가다

🇪 130쪽 🇨 135쪽 🇯 140쪽

❶ 닉쿤이 집에 가요.　　　　❷ 한나가 학교에 가요.

장소 명사 + 에 가다

1. 다음과 같이 대화하세요.

Talk with your friends using the expressions below.

식당에 가요?

보기　가: 식당에 가요?

나: 아니요. 카페에 가요.

1) 집에 가요?

2) 도서관에 가요?

3) 미술관에 가요?

4) 옷 가게에 가요?

2. 다음과 같이 대화하세요.

Talk with your friends using the expressions below.

보기　가: 지금 어디에 가요?

나: 집에 가요.

1) 　　2) 　　3) 　　4)

-을까요?/ㄹ까요?

E 130쪽 **中** 135쪽 **日** 140쪽

❶ 가: (같이) 밥을 먹을까요?

　나: 네. 밥을 먹어요.

❷ 가: (같이) 공원에 갈까요?

　나: 네. 공원에 가요.

동사 + 을까요/ㄹ까요?			
동사(받침 O) + 을까요?			동사(받침 X) + ㄹ까요?
받침 O	먹다	+ 을까요?	먹을까요?
	찍다		찍을까요?
	앉다		앉을까요?
받침 X	가다	+ ㄹ까요?	갈까요?
	보다		볼까요?
	쉬다		쉴까요?
	마시다		마실까요?
	*놀다		놀을까요? → 노ㄹ까요? → 놀까요?

1. 다음과 같이 대화하세요.

Talk with your friends using the expressions below.

맥주를 마시다
우리집

보기 가: 같이 <u>맥주를 마실까요?</u>

나: 좋아요. 같이 <u>마셔요.</u>
　　어디에서 <u>마실까요?</u>

가: <u>우리집</u>에서 <u>마셔요.</u>

1)

놀다
명동

2)

운동하다
학교 운동장

3)

밥을 먹다
학생식당

4)

책을 읽다
도서관

63

장웨이 루카스 씨, 우리 어디에 갈까요?

루카스 공원에 가요. 오늘 날씨가 정말 좋아요.

장웨이 공원에서 같이 자전거를 탈까요?

루카스 네. 자전거를 타요. 그리고 저녁을 먹어요.

발음	공원에 [공워네] 좋아요 [조아요] 같이 [가치]
단어와 표현	오늘 날씨 저녁

문화
한강공원

1. 대화를 듣고 질문에 대답하세요.
Listen to the conversation and answer the questions.

1) 두 사람이 어디에 가요?

2) 거기에서 무엇을 해요?

2. 내용을 바꿔서 친구와 대화하세요.
Fill in the blanks using the words below and start a conversation with your friend.

> 　　　　　　　 씨, 우리 어디에 갈까요?
>
> 　　　　　　　 에 가요. 오늘 날씨가 정말 좋아요.
>
> 　　　　 에서 같이 　　　　　　?
>
> 네. 　　　　　　. 그리고 　　　　　　.

1) 산 꽃을 구경하다 김밥을 먹다

2) 바다 수영하다 맥주를 마시다

3) 한강 사진을 찍다 라면을 먹다

4) 명동 쇼핑하다 커피를 마시다

1. 다음과 같이 친구와 주말 약속을 하세요.

Make a weekend appointment with your friend as below.

❶ 가: 어디에 갈까요?

나: _____에 가요.

☐ 공원   ☐ 미술관   ☐ 공연장   ☐ 놀이공원   ☐ _____

❷ 가: 무엇을 할까요?

나: _____-아요/어요/해요.

☐ 책을 읽다   ☐ 그림을 보다   ☐ 콘서트를 보다   ☐ 놀이기구를 타다   ☐ _____

❸ 가: 무엇을 먹을까요?   가: 무엇을 마실까요?

나: _____을/를 먹어요.   나: _____을/를 마셔요.

☐ 피자   ☐ 김밥   ☐ 커피   ☐ 맥주   ☐ _____

1. 듣고 맞는 것에 ✔ 하세요. 🎧 64

Listen and mark ✔ on the correct option.

1) ☐ 집   ☐ 공원   2) ☐ 카페   ☐ 공연장

3) ☐ 도서관   ☐ 학생식당   4) ☐ 영화관   ☐ 미술관

2. 듣고 맞는 것을 연결하세요. 🎧 65

Listen and match the right options.

1) •　　　•㉮　　　•①

2) •　　　•㉯　　　•②

3) •　　　•㉰　　　•③

4) •　　　•㉱　　　•④

3. 듣고 빈칸에 대답을 쓰세요. 🎧 66

Listen closely and fill the blanks.

	어디에 가요?	거기에서 무엇을 해요?
1)		
2)		

1. 다음 글을 읽고 질문에 대답하세요.  67

Read the following text and answer the questions below.

저는 등산을 좋아해요.

그래서 북한산에 자주 가요.

북한산은 높아요. 그리고 경치가 멋있어요.

저는 북한산에서 경치를 구경해요.

사진을 많이 찍어요.

북한산이 정말 좋아요.

우리 같이 북한산에 갈까요?

단어와 표현   그래서   북한산   경치

1) 무엇을 좋아해요?

2) 어디에 자주 가요?

3) 거기가 어때요?

4) 거기에서 무엇을 해요?

2. 다음 질문을 보고 위와 같이 써 보세요.

Look at the following questions and write your own story.

```
            12:08                          65%

① 어디에 자주 가요?    ② 거기가 어때요?    ③ 거기에서 무엇을 해요?

_____

_____

_____

_____

_____

B  I  U  S
```

MP3
Streaming

신당동에 가고 싶어요

© 네이버블로그: Minchelin Life

© 네이버블로그: 헤벌쭉인생 :D

학습 목표	가고 싶은 곳과 가는 방법을 말할 수 있다.

목표 문법	① 에 어떻게 가요? ② -고 싶다

목표 어휘	지하철, 버스, 택시, 지하철역, 버스 정류장, 지하철 2호선, 1번 출구, 신당동, 강남, 서울숲, 롯데월드, 홍대, 한강공원, 인사동, 성수동, 이태원, 타다, 내리다

1. 다음 단어를 공부하세요.

Study the following words.

| 지하철 | 버스 | 택시 | 타다 | 내리다 |

2. 다음 단어를 공부하세요.

Study the following words.

| 지하철역 | 버스 정류장 | 지하철 2호선 | 1번 출구 |

3. 다음 단어를 공부하세요.

Study the following words.

인사동

홍대   신당동   한양대학교

성수동   서울숲

한강공원   이태원

강남   롯데월드

© 네이버블로그: 소담러브

에 어떻게 가요?

🇪 131쪽 🇨 135쪽 🇯 140쪽

❶ 한양대학교에 어떻게 가요?　　　　❷ 성수동에 어떻게 가요?

장소 명사 + 에 어떻게 가요?

1. 다음과 같이 대화하세요.

Talk with your friends using the expressions below.

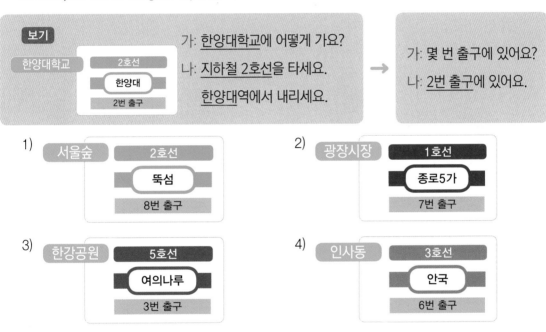

보기

한양대학교 | 2호선 / 한양대 / 2번 출구

가: 한양대학교에 어떻게 가요?
나: 지하철 2호선을 타세요.
　　한양대역에서 내리세요.

→

가: 몇 번 출구에 있어요?
나: 2번 출구에 있어요.

1) 서울숲 | 2호선 / 뚝섬 / 8번 출구

2) 광장시장 | 1호선 / 종로5가 / 7번 출구

3) 한강공원 | 5호선 / 여의나루 / 3번 출구

4) 인사동 | 3호선 / 안국 / 6번 출구

2. 다음과 같이 대화하세요.

Talk with your friends using the expressions below.

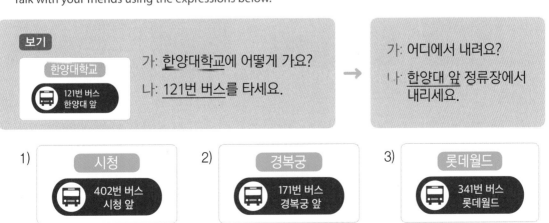

보기

한양대학교 | 121번 버스 한양대 앞

가: 한양대학교에 어떻게 가요?
나: 121번 버스를 타세요.

→

가: 어디에서 내려요?
나: 한양대 앞 정류장에서
　　내리세요.

1) 시청 | 402번 버스 시청 앞

2) 경복궁 | 171번 버스 경복궁 앞

3) 롯데월드 | 341번 버스 롯데월드

-고 싶다

 131쪽  136쪽 141쪽

❶ 떡볶이를 먹고 싶어요.　　　　❷ 강남에 가고 싶어요.

동사 + 고 싶다

1. 다음을 넣어서 말하세요.

Make a sentence using the following words and speak it out.

> **보기** 　저는 지금 <u>밥</u>을 <u>먹</u>고 싶어요.

1)

잠을 자다

2)

옷을 사다

3)

물을 마시다

4)

의자에 앉다

2. 다음과 같이 대화하세요.

Talk with your friends using the expressions below.

> **보기** 　가: 어디에 가고 싶어요?
> 　　　　나: <u>서울숲</u>에 가고 싶어요.

→

> 가: 거기에서 무엇을 하고 싶어요?
> 나: <u>책을 읽</u>고 싶어요.

1)

홍대　　　　콘서트를 보다

2)

이태원　　　여러 나라 음식을 먹다

3)

경복궁　　　사진을 찍다

4)

한강공원　　자전거를 타다

뱅상	저는 떡볶이를 먹고 싶어요. 근처에 떡볶이 맛집이 있어요?
지우	신당동에 가세요. 거기에 많이 있어요.
뱅상	정말요? 신당동에 어떻게 가요?
지우	지하철 2호선을 타세요. 신당역에서 내리세요.

발음 떡볶이를 [떡뽀끼를] 맛집이 [맏찌비] 어떻게 [어떠케]

단어와 표현 근처 맛집 정말요?

문화 신당동 떡볶이 타운

1. 대화를 듣고 질문에 대답하세요.

Listen to the conversation and answer the questions.

1) 신당동에 뭐가 있어요?

2) 신당동에 어떻게 가요?

2. 내용을 바꿔서 친구와 대화하세요.

Fill in the blanks using the words below and start a conversation with your friend.

저는 _____ 고 싶어요. 근처에 _____ 이/가 있어요?

_____ 에 가세요. 거기에 많이 있어요.

정말요? _____ 에 어떻게 가요?

지하철 _____ 을 타세요. _____ 에서 내리세요.

1) 쇼핑을 하다 쇼핑몰 동대문 시장 1호선 동대문역

2) 화장품을 사다 화장품 가게 명동 4호선 명동역

3) 한옥을 구경하다 한옥 삼청동 3호선 안국역

4) K-POP 콘서트를 보다 공연장 홍대 2호선 홍대입구역

1. 서울에서 어디에 가고 싶어요? 어떻게 가요?

Where would you like to go in Seoul? How do you get there?

| 서울 구경 시작! | 🚇 **경복궁**
3호선
경복궁역
(5번 출구) | 🚌 **롯데월드**
341번 버스
롯데월드 정류장 | 🚇 **홍대**
2호선
홍대입구역
(9번 출구) | 🚇 **명동**
4호선
명동역
(5번 출구) |

🚇 **인사동**
3호선
안국역
(6번 출구)

🚇 **이태원**
6호선
이태원역
(1번 출구)

 가: _____에 어떻게 가요?

나: 지하철 _____을 타세요. _____에서 내리세요.

가: 몇 번 출구에 있어요?

나: _____에 있어요. 거기에서 뭐 하고 싶어요?

가: _____고 싶어요.

🚌 **서울숲**
121번 버스
뚝섬서울숲 앞
정류장

🚌 가: _____에 어떻게 가요?

나: _____를 타세요.

가: 어디에서 내려요?

나: _____에서 내리세요. 거기에서 뭐 하고 싶어요?

가: _____고 싶어요.

🚇 **광장시장**
1호선
종로5가역
(7번 출구)

| 서울 구경 끝! | 🚇 **한양대학교**
2호선
한양대역
(2번 출구) | 🚇 **한강공원**
5호선
여의나루역
(3번 출구) | 🚌 **코엑스몰**
146번 버스
무역센터 앞
정류장 | 🚇 **성수동**
2호선
성수역
(3번 출구) |

✌️✊✋
❶ 가위바위보를 하세요.
❷ 가위로 이기면 3칸, 바위로 이기면 2칸, 보로 이기면 1칸 가세요.
❸ 진 사람이 '가'를 하고 이긴 사람은 '나'를 하세요.
❹ 대답을 못 하면 앞으로 갈 수 없어요.
❺ 서울 구경을 먼저 끝내면 이겨요.

✌️✊✋
❶ Play rock-paper-scissors.
❷ Move 3 blocks if you win with scissors, 2 blocks if you win with rock, and 1 block if you win with paper.
❸ Loser plays the role '가' and the winner plays the role '나'.
❹ If you fail to answer, you cannot move forward.
❺ The one who finishes the Seoul Tour first, wins the game.

1. 듣고 맞는 것에 ✓ 하세요. 🎧 69

Listen and mark ✓ on the correct option.

1) ☐ 시청 ☐ 이태원 ☐ 삼청동 ☐ 코엑스몰

2) ☐ 지하철 1호선 ☐ 지하철 3호선 ☐ 지하철 6호선 ☐ 지하철 9호선

3) ☐ 강남역 ☐ 신사역 ☐ 경복궁역 ☐ 고속터미널역

4) ☐ 놀다 ☐ 쇼핑하다 ☐ 운동하다 ☐ 구경하다

2. 듣고 맞는 것을 연결하세요. 🎧 70

Listen and match the right options.

1) •   • 한강공원 •   • ❷호선 •   • 안국역

2) •   • 인사동 •   • ❸호선 •   • 성수역

3) •   • 카페거리 •   • ❺호선 •   • 여의나루역

3. 듣고 빈칸에 대답을 쓰세요. 🎧 71

Listen closely and fill the blanks.

	① 어니에 가고 싶어요?	② 무엇을 하고 싶어요?	③ 무엇을 타요?
1) 뱅상	☐ 건대 ☐ 홍대	_____을/를 보고 싶어요.	☐ 택시 ☐ 지하철
2) 장웨이	☐ 남산 ☐ 한강	_____을/를 구경하고 싶어요.	☐ 지하철 ☐ 버스

1. 다음 글을 읽고 질문에 대답하세요. 72

Read the following text and answer the questions below.

> 저는 서울숲을 좋아해요.
>
> 서울숲은 성수동에 있어요.
>
> 사람들이 서울숲에 많이 가요.
>
> 서울숲에서 산책해요. 그리고 자전거를 타요.
>
> 서울숲 근처에 카페가 많아요. 아주 예뻐요.
>
> 서울숲을 구경하고 싶어요?
>
> 그럼 지하철 2호선을 타세요. 뚝섬역에서 내리세요.

단어와 표현 산책하다

1) 이 사람은 어디를 좋아해요?

2) 사람들은 거기에서 무엇을 해요?

3) 근처에 무엇이 많아요?

4) 어떻게 가요?

2. 다음 질문을 보고 위와 같이 써 보세요.

Look at the following questions and write your own story.

	12:08	65%

① 서울에서 어디를 좋아해요?　② 거기에서 무엇을 해요?　③ 거기에 어떻게 가요?

B *I* U S

부록

- 「듣기」 지문 「Listening」 Article
- 「듣기」 정답 「Listening」 Answers
- 「문법」 해설 「Grammar」 Explanation and Translation
- 「대화」 번역 「Conversation」 Translation
- 「읽고 쓰기」 번역 「Read and Write」 Translation
- 「읽고 쓰기」 정답 「Read and Write」 Answers
- 「어휘」 색인 「Vocabulary」 Index
- 단어장 Vocabulary

제5과 저는 한나예요

1. 누구예요? 듣고 맞는 것에 ✔ 하세요. ⓜ 34

1) 남자: 누구예요?
   여자: 친구예요.
2) 남자: 학생이에요?
   여자: 아니요. 선생님이에요.
3) 여자: 뱅상 씨예요?
   남자: 아니요. 저는 닉쿤이에요.
4) 남자: 한나 씨는 영국 사람이에요?
   여자: 아니요. 저는 미국 사람이에요.

2. 뭐예요? 듣고 맞는 것에 ✔ 하세요. ⓜ 35

1) 남자: 뭐예요?
   여자: 휴대 전화예요.
2) 남자: 뭐예요?
   여자: 의자예요.
3) 남자: 책이에요?
   여자: 아니요. 책상이에요.
4) 남자: 가방이에요?
   여자: 네. 가방이에요.

3. 듣고 빈 칸에 대답을 쓰세요. ⓜ 36

1) 남자: 안녕하세요? 저는 루카스예요.
   저는 독일 사람이에요. 학생이에요.
   만나서 반가워요.
2) 여자: 안녕하세요? 저는 조유진이에요.
   한국 사람이에요. 한국어 선생님이에요.
   만나서 반가워요.
3) 여자: 안녕하세요?
   저는 장웨이예요. 중국 사람이에요.
   닉쿤 씨는 친구예요. 태국 사람이에요.
   닉쿤 씨는 한양대학교 학생이에요.

제6과 사무실이 6층에 있어요

1. 방에 있어요, 없어요? 맞는 것에 ✔ 하세요. ⓜ 39

1) 방에 컴퓨터가 있어요.
2) 방에 텔레비전이 없어요.
3) 방에 시계가 없어요.
4) 방에 에어컨이 있어요.

2. 듣고 맞는 것에 ✔ 하세요. ⓜ 40

1) 남자: 선생님이 교실에 있어요?
   여자: 네. 교실에 있어요.
2) 여자: 가방에 책이 있어요?
   남자: 아니요. 가방에 없어요. 책은 방에 있어요.
3) 여자: 사무실이 어디에 있어요?
   남자: 사무실은 5층에 있어요.
4) 남자: 한국어 교실에 에어컨이 있어요?
   여자: 아니요. 없어요.
   남자: 컴퓨터가 있어요?
   여자: 네. 컴퓨터가 있어요.

3. 듣고 알맞은 말을 쓰세요. ⓜ 41

1) 여자: 친구 이름이 뭐예요?
   남자: 장웨이예요.
   여자: 장웨이 씨가 교실에 있어요?
   남자: 아니요. 사무실에 있어요.
2) 여자: 컴퓨터 교실이 어디에 있어요?
   남자: 4층에 있어요.
   여자: 컴퓨터 교실에 누가 있어요?
   남자: 선생님이 있어요.
3) 남자: 화장실이 2층에 있어요?
   여자: 아니요. 2층에 없어요.
   남자: 화장실이 어디에 있어요?
   여자: 1층에 있어요.
4) 남자: 방에 에어컨이 있어요?
   여자: 아니요. 방에 에어컨이 없어요.
   남자: 학교에 에어컨이 있어요?
   여자: 네. 교실에 있어요.

제7과 바다가 유명해요

1. 듣고 맞는 것에 ✔ 하세요. 🎧 **44**

1) 제 시계가 안 비싸요. 아주 예뻐요.
2) 교실이 커요. 교실에 학생이 많아요.
3) 저는 한국 드라마가 좋아요. 재미있어요.
4) 제 고향에 산이 있어요. 안 유명해요.

2. 듣고 맞으면 ○ 틀리면 X 하세요. 🎧 **45**

1) 남자: 한나 씨, 고향이 어디예요?
   여자: 제 고향은 미국 뉴욕이에요.
   남자: 뉴욕이 커요?
   여자: 네. 아주 커요.
2) 여자: 한라산이 어디에 있어요?
   남자: 제주도에 있어요.
   여자: 한라산이 어때요?
   남자: 아주 높아요.
3) 남자: 로안 씨는 어느 나라 사람이에요?
   여자: 저는 베트남 사람이에요.
   남자: 베트남이 한국에서 멀어요?
   여자: 아니요. 안 멀어요.
4) 남자: 지우 씨는 서울 사람이에요?
   여자: 아니요. 제 고향은 부산이에요.
   남자: 부산은 뭐가 유명해요?
   여자: 생선회가 유명해요. 맛있어요.

3. 듣고 빈칸에 대답을 쓰세요. 🎧 **46**

여자: 마이클 씨는 고향이 어디예요?
남자: 호주 시드니예요. 마리 씨는요?
여자: 제 고향은 일본 도쿄예요.
남자: 도쿄가 어때요?
여자: 도쿄는 커요. 사람이 아주 많아요. 시드니는 어때요?
남자: 바다가 유명해요. 아주 예뻐요.

제8과 커피를 마셔요

1. 듣고 맞는 것에 ✔ 하세요. 🎧 **49**

1) 마리는 식당에 있어요. 마리는 밥을 먹어요. 밥이 맛있어요.
2) 웨이는 카페에 있어요. 친구를 만나요. 웨이는 친구를 좋아해요.
3) 뱅상은 집에 있어요. 책을 봐요. 책이 재미있어요.

2. 듣고 맞는 것을 연결하세요. 🎧 **50**

1) 저는 지금 영화를 봐요. 영화가 재미있어요.
2) 저는 한국어를 공부해요. 숙제가 많아요.
3) 저는 학교에 있어요. 친구를 만나요.
4) 저는 식당에 있어요. 저는 한국 음식을 좋아해요. 한국 음식을 먹어요.

3. 듣고 빈칸에 대답을 쓰세요. 🎧 **51**

남자: 한나 씨, 안녕하세요?
여자: 안녕하세요, 닉쿤 씨.
남자: 한나 씨, 지금 뭐 먹어요?
여자: 라면 먹어요.
남자: 맛이 어때요?
여자: 매워요. 닉쿤 씨는 지금 뭐 먹어요?
남자: 빵 먹어요.
여자: 맛이 어때요?
남자: 맛있어요. 저는 빵을 좋아해요.

제9과 비빔밥 하나 주세요

1. 듣고 맞는 것에 ✔ 하세요. (M) 54

1) 남자: 얼마예요?
   여자: 삼천삼백 원이에요.
2) 남자: 얼마예요?
   여자: 이천오백 원이에요.
3) 남자: 얼마예요?
   여자: 칠만 육천 원이에요.
4) 남자: 얼마예요?
   여자: 팔만 구천 원이에요.

2. 듣고 맞는 것을 연결하세요. (M) 55

1) 남자: 여기요.
   여자: 네. 뭘 드릴까요?
   남자: 불고기 하나하고 냉면 하나 주세요.
2) 여자: 여기요.
   남자: 네. 뭘 드릴까요?
   여자: 비빔밥하고 김치찌개 주세요.
   남자: 네. 잠깐만 기다리세요.
3) 여자: 어서 오세요. 뭘 드릴까요?
   남자: 여기 삼겹살 있어요?
   여자: 네. 있어요.
   남자: 삼겹살 하나하고 된장찌개 하나 주세요.
4) 남자: 어서 오세요. 뭘 드릴까요?
   여자: 여기 떡볶이가 맛있어요?
   남자: 네. 맛있어요.
   여자: 떡볶이하고 김밥 주세요.

3. 듣고 빈칸에 대답을 쓰세요. (M) 56

1) 남자: 이 식당은 뭐가 맛있어요?
   여자: 우리 식당은 불고기가 맛있어요.
   남자: 불고기 하나하고 된장찌개 하나 주세요.
   여자: 네. 잠깐만 기다리세요.
2) 남자: 이 식당은 뭐가 맛있어요?
   여자: 우리 식당은 삼겹살이 맛있어요.
   남자: 삼겹살 하나하고 된장찌개 하나 주세요.
   여자: 지금 우리 식당에 된장찌개가 없어요.

남자: 음, 그럼 삼겹살 하나하고 김치찌개 하나 주세요.
여자: 네. 잠깐만 기다리세요.

제10과 몇 개 드릴까요?

1. 친구들이 어디에서 무엇을 해요? 듣고 맞는 것을 연결하세요. (M) 59

1) 여자: 지우 씨는 신발 가게에 있어요. 신발 가게에서 운동화를 구경해요. 신발 가게에 운동화가 많아요.
2) 남자: 뱅상 씨는 식당에 있어요. 식당에서 친구를 만나요. 같이 삼겹살을 먹어요.
3) 여자: 마리 씨는 카페에 있어요. 카페에서 한국어를 공부해요.
4) 남자: 루카스 씨는 집에 있어요. 집에서 공부를 안 해요. 텔레비전을 봐요. 텔레비전이 재미있어요.

2. 듣고 맞는 것을 연결하세요. (M) 60

1) 여자: 여기 도넛 팔아요?
   남자: 네. 몇 개 드릴까요?
   여자: 여덟 개 주세요.
2) 남자: 이 맥주 얼마예요?
   여자: 네 병에 만 원이에요. 몇 병 드릴까요?
   남자: 네 병 주세요.
3) 여자: 이 티셔츠 한 벌에 얼마예요?
   남자: 만 원이에요. 몇 벌 드릴까요?
   여자: 두 벌 주세요.

3. 듣고 질문에 답하세요. (M) 61

1) 남자: 어서 오세요.
   여자: 여기에서 차를 팔아요?
   남자: 네. 팔아요. 우리 집 차가 아주 맛있어요.
   여자: 차 한 잔에 얼마예요?
   남자: 사천 오백 원이에요. 몇 잔 드릴까요?
   여자: 세 잔 주세요.
   남자: 네. 여기 있어요. 모두 만 삼천 오백 원이에요.

2) 여자: 어서 오세요.

남자: 이 바지 한 벌 주세요. 얼마예요?

여자: 팔만 구천 원이에요.

남자: 비싸요. 좀 깎아 주세요.

여자: 안 돼요. 이 바지가 정말 좋아요. 안 비싸요.

남자: 저는 학생이에요. 돈이 많이 없어요.

여자: 알겠어요. 그럼 팔만 원 주세요.

제11과 우리 어디에 갈까요?

1. 듣고 맞는 것에 ✔ 하세요. (M) 64

1) 여자: 루카스 씨, 집에 가요?

남자: 네. 집에 가요.

2) 남자: 장웨이 씨, 어디에 가요?

여자: 저는 지금 공연장에 가요.

3) 여자: 닉쿤 씨, 학생식당에 가요? 도서관에 가요?

남자: 도서관에 가요.

4) 남자: 마리 씨, 지금 영화관에 가요?

여자: 아니요. 영화관에 안 가요. 미술관에 가요.

2. 듣고 맞는 것을 연결하세요. (M) 65

1) 여자: 민기 씨, 우리 뭐 할까요?

남자: 저는 책을 좋아해요. 같이 책을 읽을까요?

여자: 네. 좋아요. 같이 책을 읽어요.

남자: 카페에서 읽을까요?

여자: 아니요. 공원에서 읽어요.

2) 남자: 우리 오늘 무엇을 할까요?

여자: 음, 같이 사진을 찍을까요?

남자: 좋아요. 어디에서 찍을까요?

여자: 산이 어때요? 산에 꽃이 많아요.

남자: 좋아요. 거기에서 같이 사진을 찍어요.

3) 여자: 우리 학교 운동장에서 운동할까요?

남자: 아니요. 저는 피곤해요.

여자: 아, 그럼 조금 쉴까요?

남자: 네. 좋아요. 카페에서 쉴까요?

여자: 좋아요. 우리 카페에 가요.

4) 남자: 마리 씨, 우리 뭐 할까요?

여자: 게임을 좋아해요? 같이 게임을 할까요?

남자: 네. 같이 게임을 해요. 저는 게임을 정말
좋아해요.

여자: 어디에서 할까요?

남자: 우리집에서 해요. 여기에서 안 멀어요.

3. 듣고 빈칸에 대답을 쓰세요. (M) 66

1) 남자: 우리 놀이공원에 갈까요?

여자: 아니요. 저는 놀이공원을 안 좋아해요.

남자: 그럼 명동에 갈까요?

여자: 좋아요. 명동에서 뭐 할까요?

남자: 음, 영화를 볼까요? 한국 영화가 정말
재미있어요.

여자: 좋아요. 영화를 봐요. 그리고 쇼핑을 해요.

남자: 네. 지금 가요.

2) 여자: 우리 PC방에서 게임을 할까요?

남자: 아니요. 저는 게임을 안 좋아해요.

여자: 그럼 공원에 갈까요? 오늘 날씨가 정말 좋아요.

남자: 좋아요. 공원이 멀어요?

여자: 아니요. 여기에서 안 멀어요.

남자: 좋아요. 지금 가요. 우리 공원에서 뭘 할까요?

여자: 사진을 찍어요. 그리고 커피를 마셔요.

제12과 신당동에 가고 싶어요

1. 듣고 맞는 것에 ✔ 하세요. (M) 69

1) 남자: 서울에서 어디에 가고 싶어요?

여자: 저는 코엑스몰에 가고 싶어요. 거기에
영화관하고 도서관이 있어요.

2) 남자: 이태원에 어떻게 가요?

여자: 지하철 6호선을 타세요. 이태원역에서
내리세요.

3) 남자: 경복궁에 가고 싶어요. 지하철 몇 호선을 타요?

여자: 3호선을 타세요. 그리고 경복궁역에서
내리세요.

4) 남자: 오늘 서울숲에 갈까요? 서울숲은 학교 근처에
있어요.

여자: 네. 좋아요. 거기에서 무엇을 하고 싶어요?

남자: 운동을 하고 싶어요.

2. 듣고 맞는 것을 연결하세요.   🎧 70

1) 남자: 저는 자전거를 타고 싶어요.

   여자: 그럼 한강공원에 가세요.

   남자: 거기에 어떻게 가요?

   여자: 지하철 5호선을 타세요.

   남자: 무슨 역에서 내려요?

   여자: 여의나루역에서 내리세요.

2) 여자: 저는 카페에서 차를 마시고 싶어요.

   남자: 성수동에 카페거리가 있어요. 카페가 아주
        많아요.

   여자: 그래요? 거기에 어떻게 가요?

   남자: 2호선을 타세요.

   여자: 어디에서 내려요?

   남자: 성수역에서 내리세요. 3번 출구에 있어요.

3) 남자: 마리 씨, 어디에 가고 싶어요?

   여자: 인사동에 가고 싶어요. 인사동이 멀어요?

   남자: 아니요. 인사동이 안 멀어요. 지하철 3호선을
        타세요.

   여자: 어디에서 내려요?

   남자: 안국역에서 내리세요.

3. 듣고 빈칸에 대답을 쓰세요.   🎧 71

1) 여자: 뱅상 씨, 어디에 가고 싶어요?

   남자: 저는 홍대에 가고 싶어요.

   여자: 아, 쇼핑을 하고 싶어요?

   남자: 아니요. 콘서트를 보고 싶어요. 홍대 공연장에
        어떻게 가요?

   여자: 지하철 2호선을 타세요. 홍대입구역 8번 출구에
        공연장이 많아요.

   남자: 네. 고마워요.

2) 남자: 장웨이 씨, 어디에 가고 싶어요?

   여자: 저는 남산에 가고 싶어요.

   남자: 거기에서 뭘 하고 싶어요?

   여자: 서울 경치를 구경하고 싶어요. 어떻게 가요?

   남자: 지하철 4호선을 타세요. 충무로역에서 내리세요.

   여자: 충무로역에서 멀어요?

   남자: 네. 조금 멀어요. 2번 출구에서 버스를 타세요.

5) 도시　　6) 지도　　7) 허리　　8) 버스

제1과　한글 1

모음 1

3. 1) 아　　2) 우　　　3) 이　　　4) 에
　 5) 어　　6) 오
4. 1) 에이　　2) 오이　　3) 아우　　4) 아이

에	이	애	어	에
으	어	어	우	아
아	에	어	애	우
이	으	오	이	으

5. 1) 오　　　2) 아　　　3) 이　　　4) 어
　 5) 우　　　6) 애/에　　7) 으　　　8) 애/에
　 9) 어　　　10) 오
6. 1) 어이　　　2) 아으　　　3) 오애/오에
　 4) 애우/에우 5) 이오　　　6) 으아

음절 구조 1

3. 1) 바　　2) 너　　3) 도　　4) 주
　 5) 그　　6) 시　　7) 매　　8) 레
　 9) 하
4. 1) 가수　　2) 바지　　3) 노래　　4) 부모

너	도	사	어	조
므	루	바	지	네
가	머	호	지	부
수	거	노	래	모

5. 1) 자　　　2) 아　　　3) 두　　　4) 보
　 5) 리　　　6) 너　　　7) 새/세　　8) 고
　 9) 허　　　10) 매/메
6. 1) 거미　　2) 머리　　3) 나무　　4) 다리

제2과　한글 2

자음 2

3. 1) 더　　　2) 코　　　3) 프　　　4) 카드
　 5) 비서　　6) 채소
4. 1) 파도　　2) 기차　　3) 타조　　4) 마이크

파	바	비	기	차
도	마	피	자	파
타	으	이	키	츠
다	조	그	크	조

5. 1) 쿠　　　2) 트　　　3) 초　　　4) 피
　 5) 카　　　6) 터　　　7) 파　　　8) 추
　 9) 채/체　　10) 토
6. 1) 기타　　2) 포도　　3) 커피　　4) 치마

자음 3

3. 1) 짜　　　2) 부　　　3) 뜨　　　4) 커서
　 5) 싸고　　6) 조끼
4. 1) 토끼　　2) 찌개　　3) 까치　　4) 쓰기

토	끼	지	어	버
기	아	하	오	빠
찌	써	쓰	까	지
개	개	기	가	치

5. 1) 까　　　2) 뽀　　　3) 뜨　　　4) 짜
　 5) 씨　　　6) 꾸　　　7) 때/떼　　8) 쁘
　 9) 써　　　10) 찌

6. 1) 꼬마   2) 아빠   3) 뿌리   4) 머리띠

모음 2

3. 1) 야   2) 교   3) 혀   4) 이유
5) 여야   6) 거우

4. 1) 여우   2) 휴지   3) 우표   4) 시계

5. 1) 요   2) 얘/예   3) 규   4) 쇼
5) 혀   6) 냐   7) 펴   8) 류
9) 뼈   10) 묘

6. 1) 우유   2) 여자   3) 교수   4) 야구

제3과   한글 3

받침 1

3. 1) 견   2) 궁   3) 솜   4) 가발
5) 인삼   6) 사랑   7) 연어   8) 사자
9) 감자

4.

춤	종	상	연	동
창	한	잔	울	남
문	천	강	삼	산
딸	물	안	술	날
궁	병	글	경	봄

5. 1) 층   2) 술   3) 현   4) 밤
5) 손   6) 발   7) 눈   8) 곰
9) 앵/엥   10) 켤

6. 1) 딸기   2) 고양이   3) 당근   4) 불고기
5) 침대   6) 사진기

받침 2

2. 1) 낮   2) 덮   3) 얽   4) 겹
5) 싣   6) 밭   7) 낚   8) 놓
9) 찾   10) 듯   11) 육   12) 갔

3. 1) 곳   2) 숲   3) 낚   4) 닫다
5) 부엌   6) 입속

4.

책	밥	곧	것	약
상	복	솥	속	국
납	벗	칫	받	굽
었	꽃	옷	솔	단

5. 1) 컵   2) 옆   3) 낟   4) 책
5) 맛

제4과   한글 4

모음 3

4. 1) 뒤   2) 과   3) 뭐   4) 의리
5) 휘장   6) 워지

5. 1) 돼지   2) 의자   3) 된장   4) 화장실

6. 1) 봐   2) 쉬   3) 회   4) 놔
5) 왜

받침 3

4. 1) 얼다   2) 끌고   3) 앉아서   4) 밝아요

제5과　저는 한나예요

1. 1) ☑ 친구　　　　　2) ☑ 선생님
　 3) ☑ 닉쿤　　　　　4) ☑ 미국 사람

2. 1) ☑ 휴대 전화　　2) ☑ 의자
　 3) ☑ 책상　　　　　4) ☑ 가방

3. 1) 독일 / 학생이에요.
　 2) 한국 / 선생님이에요.
　 3) 태국 / 학생이에요.

제6과　사무실이 6층에 있어요

1. 1) ☑ 있어요.　　　2) ☑ 없어요.
　 3) ☑ 없어요.　　　4) ☑ 있어요.

2. 1) ☑ 있어요.　　　2) ☑ 방에
　 3) ☑ 5층에　　　　4) ☑ 컴퓨터가

3. 1) 사무실　2) 선생님　3) 1층　　4) 방

제7과　바다가 유명해요

1. 1) ☑ 안 비싸요.　　2) ☑ 많아요.
　 3) ☑ 재미있어요.　4) ☑ 안 유명해요.

2. 1) ㉮ O　㉯ X　　　2) ㉮ O　㉯ O
　 3) ㉮ O　㉯ X　　　4) ㉮ X　㉯ O

3. 1) 마리 씨: 일본(노교), 커요./사람이 (아주) 많아요.
　 2) 마이클 씨: 호주(시드니), 바다가 유명해요.
　　　　　　　　/바다가 (아주) 예뻐요.

제8과　커피를 마셔요

1. 1) ☑ ㉮　　2) ☑ ㉯　　3) ☑ ㉮

2. 1) ㉰　　　2) ㉱　　　3) ㉮　　　4) ㉯

3. 1) 한나: 라면(을) 먹어요. 매워요.
　 2) 닉쿤: 빵(을) 먹어요. 맛있어요.

제9과　비빔밥 하나 주세요

1. 1) ☑ ₩3,300　　　2) ☑ ₩2,500
　 3) ☑ ₩76,000　　4) ☑ ₩89,000

2. 1) 불고기-냉면　　　2) 비빔밥-김치찌개
　 3) 삼겹살-된장찌개　4) 떡볶이-김밥

3. 1) 불고기, ① 불고기 ② 된장찌개
　 2) 삼겹살, ① 삼겹살 ② 김치찌개

제10과　몇 개 드릴까요?

1. 1) 지우-신발 가게-㉮　　2) 뱅상-식당-㉯
　 3) 마리-카페-㉰　　　　4) 루카스-집-㉱

2. 1) 빵집-㉯　　　　　　2) 슈퍼마켓-㉶
　 3) 옷 가게-㉱

3. 1) ☑ 카페, 3 잔, ☑ 13,500원
　 2) ☑ 옷 가게, 1 벌, ☑ 80,000원

제11과　우리 어디에 갈까요?

1. 1) ☑ 집　　　　　　2) ☑ 공연장
　 3) ☑ 도서관　　　　4) ☑ 미술관

2. 1) ㉱-②　　2) ㉮-①　　3) ㉯-④　　4) ㉰-③

3. 1) ① 명동　　② 영화를 봐요. 쇼핑을 해요.

   2) ① 공원　　② 사진을 찍어요. 커피를 마셔요.

제12과　신당동에 가고 싶어요

1. 1) ☑ 코엑스몰　　　　2) ☑ 지하철 6호선

  3) ☑ 경복궁역　　　　4) ☑ 운동하다

2. 1) 한강공원 – 5호선 – 여의나루역

  2) 카페거리 – 2호선 – 성수역

  3) 인사동　– 3호선 – 안국역

3. 1) ① ☑ 홍대

   ② 콘서트

   ③ ☑ 지하철

  2) ① ☑ 남산

   ② 서울 경치

   ③ ☑ 지하철　　　☑ 버스

Grammar & Patterns

| Lesson 5 | 저는 한나예요 |

1 이에요/예요, 이에요/예요?

It is the declarative ending expressing identification of a subject and is attached to nouns. The noun which ends with a consonant is combined with '-이에요' and the noun which ends with a vowel is combined with '-예요'.

ex 의자예요.   It's a chair.

ex 학생이에요?   Are you a student?

2 은/는

This marker indicates the topic or theme of a sentence. When the noun ends in a consonant, use '은', and when the noun ends in a vowel, use '는'.

ex 뱅상은 요리사예요.   Vincent is a cook.

ex 저는 학생이에요.   I am a student.

| Lesson 6 | 사무실이 6층에 있어요 |

1 이/가

This marker comes after a noun to indicate that the noun is the subject of the sentence. When the noun ends in a consonant, use '이'. When it ends in a vowel, use '가'.

ex 이름이 뭐예요?   What is your name?

ex 친구가 한국 사람이에요.   My friend is a Korean.

2 에 있어요/없어요

"에 있어요" means that a person or object exists in a certain place, and "에 없어요" means that it does not exist. A noun indicating a place is used before the postposition "에."

ex 책이 방에 있어요?　　　　　　　Is the book in the room?

ex 학교에 학생이 없어요.　　　　　　There are no students at school.

Lesson 7　바다가 유명해요

1 -아요/어요/해요

This informal style adjective ending attaches to an adjective stem and is used frequently in conversation. When the final vowel of an adjective stem is 'ㅏ' or 'ㅗ', it takes the ending '-아요': when the final vowel of an adjective stem is 'ㅓ', 'ㅜ', 'ㅡ', 'ㅣ', etc., it takes the ending '-어요'. When an adjective stem is '-하다', it takes the ending '-여요'. Usually '해요', which is the contraction of '하여요', is used more often in the conversation.

ex 엠마는 친구가 많아요.　　　　　　Emma has many friends.

ex 마이클이 멋있어요.　　　　　　　Michael is handsome.

ex 부산은 바다가 유명해요.　　　　　Busan is famous for its sea

2 안 ~

'안 ~' is an adverb placed in front of verbs or adjectives to express negation.

ex 기분이 안 좋아요.　　　　　　　I am not feeling good.

ex 제 친구는 안 예뻐요.　　　　　　My friend isn't pretty.

Lesson 8　커피를 마셔요

1 -아요/어요/해요

This informal style verbal ending attaches to a verb stem and is used frequently in conversation. When the final vowel of a verb stem is 'ㅏ' or 'ㅗ', it takes the ending '-아요': when the final vowel of a verb stem is 'ㅓ', 'ㅜ', 'ㅡ', 'ㅣ', etc., it takes the ending '-어요'. When a verb stem is '-하-', it takes the ending '-여요'. Usually '해요', which is the contraction of '하여요', is used more often in the conversation.

ex 저는 영화를 봐요.   I watch a movie.

ex 저는 여행을 해요.   I travel.

2 을/를

This is a case marker which attaches to a noun to indicate that is the object of the sentence. When the noun ends in a consonant, use '을', and when the noun ends in a vowel, use '를'.

ex 저는 영화를 봐요.   I watch a movie.

ex 저는 여행을 해요.   I travel.

Lesson 9   비빔밥 하나 주세요

1 -으세요/세요

This imperative final ending is used when the speaker requests some action from the listener or want to make the listener do something. This final ending is used with the honorific suffix -시-. So when the verb stem ends in a vowel, use '-세요'. Use '-으세요' when the verb stem ends in a consonant.

ex 여기 앉으세요.   Have a seat, please.

ex 메뉴를 주세요.   Give me the menu, please.

2 하고

This marker connects two nouns on an equal basis(Just like 'A and B' in English)

ex 여기 스파게티하고 피자 주세요.   Give me spaghetti and pizza, please.

ex 저는 빵하고 과일을 먹어요.   I eat bread and fruit.

Lesson 10   몇 개 드릴까요?

1 에서

This marker '에서' means 'at' or 'in', indicating the place where an action takes place. The particle '에

서' is attached to a noun, and is always followed by an action verb.

> **ex** 한양대학교에서 공부해요.　　　　I study at Hanyang University.

> **ex** 신발 가게에서 운동화를 사요.　　　I buy sneakers at the shoe store.

2 몇 ~?

'몇' means 'how many'. It occurs only as a modifier following a noun which is a counting unit.

> **ex** 책이 몇 권 필요해요?　　　　　How many books do you need?

> **ex** 교실에 사람이 몇 명 있어요?　　How many people are in the classroom?

Lesson 11　우리 어디에 갈까요?

1 에 가다

This marker '에' is attached to a place and is followed by '가다(to go)' or '오다(to come)' or their compounds, it indicates a specific destination.

> **ex** 식당에 가요.　　　　　　　I go to the restaurant.

> **ex** 학교에 가요.　　　　　　　I go to school.

2 –을까요?/ㄹ까요?

This pattern is used to ask the listener's view or opinion. When the verb stem ends in a consonant, use '–을까요?' and when the verb stem ends in a vowel, use '–ㄹ까요?'.

> **ex** 가: 같이 비빔밥을 먹을까요?　　A: Shall we eat bibimbap together?
>
> 　　나: 네. 같이 먹어요.　　　　　B: Yes, Let's eat together.

> **ex** 가: 지금 공부할까요?　　　　　A: Shall we study now?
>
> 　　나: 네. 공부해요.　　　　　　B: Yes, Let's study now.

Lesson 12 신당동에 가고 싶어요

1 에 어떻게 가요?

This expression means 'How can I get to~?'. The marker '에' is attached to a place, and it indicates a specific destination.

ex 롯데월드에 어떻게 가요?　　　How can I get to Lotte World?

ex 서울역에 어떻게 가요?　　　　How can I get to Seoul station?

2 -고 싶다

This form attaches to action verb stems and expresses the speaker's desire or wish.

Usually this pattern is limited to the first person subject(I, we) in declarative sentences, and to the second person subjects (you) in questions.

ex 저는 여행을 가고 싶어요.　　　I want to travel.

ex 한국 음식을 먹고 싶어요?　　　Do you want to eat Korean food?

语法和句型

第5课 저는 한나예요

1 이에요/예요, 이에요/예요?

叙述格助词 '-이다' 与终结语尾 '-어요/-아요' 结合而成。前面的名词有韵尾用 '이에요', 没有韵尾用 '예요'。

ex 의자예요.　　　　　　　这是椅子。

ex 학생이에요?　　　　　　你是学生吗?

2 은/는

表示文章的话题的助词。前面的名词有韵尾用 '은', 没有韵尾用 '는'。

ex 뱅상은 요리사예요.　　　文森特是厨师。

ex 저는 학생이에요.　　　　我是学生。

第6课 사무실이 6층에 있어요

1 이/가

用于名词后, 是表示文章主语的主格助词。前面的名词有韵尾用 '이', 没有韵尾用 '가'。

ex 이름이 뭐예요?　　　　你叫什么名字?

ex 친구가 한국 사람이에요.　朋友是韩国人。

2 에 있어요/없어요

"에 있어요" 是指在某些场所存在人或物品, "에 없어요" 是指不存在的意思。在助词 '에' 前面, 使用表示场所的名词。

ex 책이 방에 있어요?　　　房间里有书吗?

ex 학교에 학생이 없어요.　　学校没有学生。

1 -아요/어요/해요

非格式体终结语尾主要在会话中使用。先行形容词语干为'ㅏ, ㅗ'的话用'-아요', 'ㅓ, ㅜ, ㅡ, ㅣ'用'-어요', '-하다'用'-여요'。一般把'하여요'简略为'해요'。

| ex | 엠마는 친구가 많아요. | 艾玛有很多的朋友。 |

| ex | 마이클이 멋있어요. | 迈克帅呆了。 |

| ex | 부산은 바다가 유명해요. | 釜山的大海很有名。 |

2 안~

否定词, 用于否定随主语的意志而做出的行动。안~是放在动词和形容词前面表否定意义的副词。

| ex | 기분이 안 좋아요. | 心情不好。 |

| ex | 제 친구는 안 예뻐요. | 我的朋友不漂亮。 |

1 -아요/어요/해요

非格式体终结语尾主要在会话中使用。先行动词语干为 'ㅏ, ㅗ' 的话用 '-아요', 'ㅓ, ㅜ, ㅡ, ㅣ' 用 '-어요', '-하다' 用 '-여요'。一般把 '하여요' 简略为 '해요'。

| ex | 저는 영화를 봐요. | 我看电影。 |

| ex | 저는 여행을 해요. | 我去旅游。 |

2 을/를

'을/를' 是放在名词后, 表现文章宾语的宾格助词。前面的名词以辅音结束用 '을', 以元音结束用 '를'。

| ex | 저는 영화를 봐요. | 我看电影。 |

| ex | 저는 여행을 해요. | 我去旅游。 |

第9课　비빔밥 하나 주세요

1 –으세요/세요

'-으세요/-세요'是尊敬的命令型语尾。先行动词词干有韵尾时使用'-으세요'没有韵尾则使用'-세요'。

ex 여기 앉으세요.	请坐在这里。
ex 메뉴를 주세요.	请给我菜单。

2 하고

连接文章中两个并列单词的助词，主要用于口语中。

ex 여기 스파게티하고 피자 주세요.	请给我意大利面和比萨饼。
ex 저는 빵하고 과일을 먹어요.	我吃面包和水果。

第10课　몇 개 드릴까요?

1 에서

'에서'与表示场所的名词连用，是表示谓语动词动作发生的场所的助词。

ex 한양대학교에서 공부해요.	在汉阳大学学习。
ex 신발 가게에서 운동화를 사요.	在鞋店买运动鞋。

2 몇 ~?

询问数量时使用的疑问词。后面连接表示单位的名词。

ex 책이 몇 권 필요해요?	需要几本书？
ex 교실에 사람이 몇 명 있어요?	教室里有多少人？

우리 어디에 갈까요?

1 에 가다

'에' 与 '가다/오다' 等表示移动的动词连用时, 是表示目的地的助词。

ex 식당에 가요.　　　　　　去饭店。

ex 학교에 가요.　　　　　　去学校。

2 -을까요?/ㄹ까요?

'-을까요?' 是询问对方意向的疑问终结语尾。先行动词词干有韵尾时使用 '-을까요?', 没有韵尾则使用 '-ㄹ까요?'。

ex 가: 같이 비빔밥을 먹을까요?　　甲: 一起吃拌饭怎么样?

　　나: 네. 같이 먹어요.　　　　　乙: 嗯, 一起吃吧。

ex 가: 지금 공부할까요?　　　　　甲: 现在学习怎么样?

　　나: 네. 공부해요.　　　　　　乙: 嗯, 学习吧。

신당동에 가고 싶어요.

1 에 어떻게 가요?

出现到达地点的助词 '에' 和 动词 '가다', 方法或是手段出现的 '어떻게' 结合的形状。

为了到达目的地,询问方法的时候使用的句型。

ex 롯데월드에 어떻게 가요?　　　怎么去乐天世界?

ex 서울역에 어떻게 가요?　　　　怎么去首尔站?

2 -고 싶다

'-고 싶다'是表示希望的辅助动词。根据本动词希望如何变化的意义使用。在陈述句中第一人称可以为主语，疑问句中第二人称可以为主语。

| ex | 저는 여행을 가고 싶어요. | 我想去旅游。 |

| ex | 한국 음식을 먹고 싶어요? | 你想吃韩国美食吗？ |

文法と文型

1 이에요/예요, 이에요/예요?

叙述格の助詞「-이다」の後に叙述型の終結語尾'-어요/-아요'がついて「-이에요/-예요」になる。
パッチムのある名詞には「이에요」を使い、パッチムのない名詞には「예요」を使います。

> ex 의자예요.　　　　　　　　椅子です。
> ex 학생이에요?　　　　　　　学生ですか？

2 은/는

名詞の後について、主語を表す助詞で、続く話題を強調する。先行名詞が子音で終わる場合は「은」をつか、母音で終わる場合は「는」をつかう。

> ex 뱅상은 요리사예요.　　　　ヴィンセントは料理人です 。
> ex 저는 학생이에요.　　　　　私は学生です。

1 이/가

名詞の後につ付いて キ語を表す助詞で、主語に焦点がおかれる。

名詞が子音で終わる場合は「이」をつか使い、母音で終わる場合は「가」をつかう。

> ex 이름이 뭐예요?　　　　　名前は何ですか。
> ex 친구가 한국 사람이에요.　　友達が韓国人です。

2 에 있어요/없어요

「-에 있어요」はある場所に人や物が存在している意味で、'에 없어요'は存在していないことを表す。助詞「에」の前には場所を示す名詞がつか使われる。
「에」は場所を表す名詞につ付く助詞である。

| ex | 책이 방에 있어요? | 本は部屋にありますか。 |
| ex | 학교에 학생이 없어요. | 学校に学生がいません。 |

第7課　바다가 유명해요

1 –아요/어요/해요

形容詞について、非格式体の終結語尾として主に会話で多くつかわれる。先行形容詞の語幹が「ㅏ、ㅗ」なら、「-아요」を使い、「ㅓ、ㅜ、ㅡ、ㅣ」などの場合は「-어요」、「-하다」の場合は「-여요」がつかわれる。一般的に「하여요」は縮約形の「해요」をつかう。

ex	엠마는 친구가 많아요.	エマは友達が多いです。
ex	마이클이 멋있어요.	マイケルはかっこいいです。
ex	부산은 바다가 유명해요.	釜山は海が有名です。

2 안 ~

'안~'は動詞や形容詞の前について否定を表す。

| ex | 기분이 안 좋아요. | 気分がよくないです。 |
| ex | 제 친구는 안 예뻐요. | 私の友達はきれいではありません。 |

第8課 커피를 마셔요

1 –아요/어요/해요

動詞について、非格式体の終結語尾として主に会話で多くつかわれる。先行動詞の語幹が「ㅏ、ㅗ」なら、「-아요」をつかい、「ㅓ、ㅜ、ㅡ、ㅣ」などの場合は「-어요」、「하-」の場合は「-여요」がつかわれる。一般的に「'하여요」'は縮約形の「해요」をつかう。

ex 저는 영화를 봐요.   私は映画を見ます。

ex 저는 여행을 해요.   私は旅行をします。

2 을/를

「을/를」は名詞について、その文章の目的語を表す目的格の助詞で、前の名詞が子音で終わる場合は「을」を使い、母音の場合は「를」を使う。

ex 저는 영화를 봐요.   私は映画を見ます。

ex 저는 여행을 해요.   私は旅行をします。

第9課 비빔밥 하나 주세요

1 –으세요/세요

「-으세요/-세요」は、動詞について、尊敬を表す終結語尾であり、命令形文をつくる。先行動詞の語幹が子音で終わる場合は「-으세요」をつかい、母音で終わる場合は「-세요」をつかう。

ex 여기 앉으세요.   ここに座ってください。

ex 메뉴를 주세요.   メニューをください。

2 하고

'하고'は二つの単語を繋ぐ役割を持つ助詞で、主に話し言葉で使い書き言葉では'와/과'が使われる。

ex 여기 스파게티하고 피자 주세요.   スパゲッティとピザをください。

ex 저는 빵하고 과일을 먹어요.   私はパンと果物を食べます。

第10課　몇 개 드릴까요?

1 에서

名詞について付いて述語の動作が起こった場所を表す助詞である。

- ex 한양대학교에서 공부해요.　　　漢陽大学で勉強をします。
- ex 신발 가게에서 운동화를 사요.　　靴屋でスニーカーを買います。

2 몇 ~?

数量を聞く時につかわれる疑問詞である。後に単位を表す名詞がくる。

- ex 책이 몇 권 필요해요?　　　　本は何冊必要ですか。
- ex 교실에 사람이 몇 명 있어요?　教室に人は何人いますか。

第11課　우리 어디에 갈까요?

1 에 가다

移動を意味する'가다/오다'のような動詞について、到着地点を表す助詞である。

- ex 식당에 가요.　　　　　　食堂に行きます。
- ex 학교에 가요.　　　　　　学校に行きます。

2 -을까요?/ㄹ까요?

動詞について、聞き手の意向を問う疑問型の終結語尾として、先行動詞の語幹が子音で終わる場合は「-을까요」をつかい、母音で終わる場合は「-ㄹ까요?」をつかう。

- ex 가: 같이 비빔밥을 먹을까요?　　一緒にビビンバを食べますか？
  　　나: 네. 같이 먹어요.　　　　　はい、一緒に食べましょう。
- ex 가: 지금 공부할까요?　　　　　今、勉強しますか？
  　　나: 네. 공부해요.　　　　　　はい、勉強しましょう。

第12課　신당동에 가고 싶어요

1 에 어떻게 가요?

到着地点を示す助詞「에」に、動詞「가다」、方法や手段を表す'어떻게'がついて、目的地に行く
ための方法を質問するときにつかわれる文型である。

ex 롯데월드에 어떻게 가요?　　ロッテワールドにはどうやって行きますか?

ex 서울역에 어떻게 가요?　　ソウル駅へどうやって行きますか?

2 –고 싶다

'-고 싶다'は希望を表す補助動詞であり、叙述文では一人称、疑問文では二人称が主語となる。

ex 저는 여행을 가고 싶어요.　　私は旅行に行きたいです。

ex 한국 음식을 먹고 싶어요?　　韓国料理が食べたいですか?

제5과　저는 한나예요

한나: 안녕하세요? 저는 한나예요.

루카스: 안녕하세요? 저는 루카스예요.

한나: 루카스 씨는 미국 사람이에요?

루카스: 아니요. 저는 독일 사람이에요.
만나서 반가워요.

Ｅ

Hannah: Hello! I am Hannah.

Lucas: Hello! I am Lucas.

Hannah: Are you American?

Lucas: No. I am German.
Nice to meet you.

中

汉娜: 你好。 我叫汉娜。

卢卡斯: 你好！我叫卢卡斯。

汉娜: 卢卡斯 是美国人吗？

卢卡斯: 不是，我是德国人。
见到您很高兴。

日

ハンナ: こんにちは。私はハンナです。

ルーカス: こんにちは。私はルーカスです。

ハンナ: ルーカスさんはアメリカ人ですか？

ルカス: いいえ。私はドイツ人です。お会いできてうれしい
です。

제6과　사무실이 6층에 있어요

닉쿤: 한나가 어디에 있어요?

마리: 사무실에 있어요.

닉쿤: 사무실이 7층에 있어요?

마리: 아니요. 6층에 있어요.

Ｅ

Nichkhun: Where is Hannah?

Marie: She is in the office.

Nichkhun: Is the office on the seventh floor?

Marie: No. It is on the sixth floor.

中

尼坤: 汉娜在哪儿？

玛丽: 在办公室。

尼坤: 办公室在7楼吗？

玛丽: 不，在6楼。

日

ニックン: ハンナはどこにいますか？

マリ: 事務室にいます。

ニックン: 事務室は7階にありますか？

マリ: いいえ。6階にあります。

제7과   바다가 유명해요

한나: 민기 씨, 고향이 어디예요?

민기: 제 고향은 속초예요. 설악산이 유명해요. 아주 예뻐요.

한나: 속초가 서울에서 멀어요?

민기: 아니요. 안 멀어요.

E

Hannah: Min-gi, where is your hometown?

Min-gi: My hometown is Sokcho. Seorak Mountain is famous. It is beautiful.

Hannah: Is Sokcho far from Seoul?

Min-gi: No. It is not far.

中

汉娜: 民基，你的故乡在哪里？

民基: 我的故乡在束草。 雪岳山很有名。 非常美丽。

汉娜: 束草离首尔远吗？

民基: 不远。

日

ハンナ: ミンギさんの故郷はどこですか？

ミンギ: 私の故郷は束草です。雪嶽山が有名です。とてもきれいです。

ハンナ: 束草はソウルから遠いですか？

ミンギ: いいえ、遠くありません。

제8과   커피를 마셔요

민기: 한나 씨, 지금 뭐 해요? 공부해요?

한나: 아니요. 공부 안 해요. 커피를 마셔요.

민기: 지금 어디에 있어요?

한나: 카페에 있어요.

E

Min-gi: Hannah, what are you doing now? Are you studying?

Hannah: No. I am not. I am drinking coffee.

Min-gi: Where are you now?

Hannah: I am at the café.

中

民基: 汉娜，你在干什么？ 学习吗？

汉娜: 没在学习。在喝咖啡。

民基: 现在在哪里？

汉娜: 在咖啡馆。

日

ミンギ: ハンナさん、今何をしていますか？勉強していますか？

ハンナ: いいえ、勉強していません。コーヒーを飲んでいます。

ミンギ: 今どこにいますか？

ハンナ: カフェにいます。

제9과   비빔밥 하나 주세요

닉쿤: 여기요.

주인: 뭘 드릴까요?

닉쿤: 비빔밥 하나하고 된장찌개 하나 주세요.

··· 식사 후 ···

닉쿤: 얼마예요?

주인: 모두 이만 이천 원이에요.

E

Nichkhun: Excuse me.

Owner: What would you like to order?

Nichkhun: One Bibimbap and one Doenjangjjigae, please.

··· After eating ···

Nichkhun: How much is it?

Owner: It would be 22,000 won.

中

尼坤: 你好。

主人: 需要点什么？

尼坤: 要一份拌饭和大酱汤。

··· 吃饭后 ···

尼坤: 多少钱？

主人: 一共两万两千韩元。

日

ニックン: すみません。

店主: 何にいたしますか？

ニックン: ビビンバーつとテンジャンチゲ一つ下さい。

··· 食事後 ···

ニックン: いくらですか。

店主: 全部で22,000です。

제10과   몇 개 드릴까요?

닉쿤: 지우 씨, 이거 어디에서 팔아요?

지우: 아, 귤요? 슈퍼마켓에서 팔아요.

··· 수퍼마켓에서 ···

닉쿤: 아주머니, 여기 귤 있어요?

주인: 네. 몇 개 드릴까요?

닉쿤: 열 개 주세요.

E

Nichkhun: Ji-woo, where can I buy this?

Ji-woo: Oh, the mandarines? They are sold in supermarkets.

··· (At the supermarket) ···

Nichkhun: Excuse me, ma'am, do you sell mandarines ?

Owner: Yes. How many would you like?

Nichkhun: Ten, please.

中

尼坤: 志宇，这个在哪儿卖？

志宇: 啊，橘子吗？ 超市里有卖的。

··· (在超市里) ···

尼坤: 阿姨，这里有橘子吗？

主人: 有，要几个？

尼坤: 要十个。

日

ニックン: ジウさん、これどこで売っていますか？

ジウ: え、みかんですか？スーパーマーケットで売っています。

… (スーパーマーケットで) …

ニックン: おばさん、ここにみかんありますか？

店主: はい、何個いりますか？

ニックン: 10個ください。

제11과　우리 어디에 갈까요?

장웨이: 루카스 씨, 우리 어디에 갈까요?

루카스: 공원에 가요. 오늘 날씨가 정말 좋아요.

장웨이: 공원에서 같이 자전거를 탈까요?

루카스: 네. 자전거를 타요. 그리고 저녁을 먹어요.

E

Zhang Wei: Lucas, where shall we go?

Lucas: Let's go to the park. The weather is really nice today.

Zhang Wei: Shall we ride a bike together in the park?

Lucas: Sure. Let's ride a bike. Then, we can have dinner.

中

张伟: 卢卡斯，我们去哪儿？

卢卡斯: 去公园。 今天天气真好。

张伟: 要不要一起在公园骑自行车？

卢卡斯: 好，一起骑吧。然后吃晚饭。

日

チャンウェイ: ルーカスさん、どこへ行きましょうか？

ルーカス: 公園に行きましょう。今日はお天気が本当によいです。

チャンウェイ: 公園で一緒に自転車に乗りましょうか

ルーカス: はい。自転車に乗りましょう。そして夕食を食べましょう。

제12과　신당동에 가고 싶어요

뱅상: 저는 떡볶이를 먹고 싶어요.

　　　근처에 떡볶이 맛집이 있어요?

지우: 신당동에 가세요. 거기에 많이 있어요.

뱅상: 정말요? 신당동에 어떻게 가요?

지우: 지하철 2호선을 타세요.

　　　신당역에서 내리세요.

E

Vincent: I want to eat Tteokbokki.

　　　Is there a Tteokbokki restaurant nearby?

Ji-woo: Go to Sindang-dong. There are a lot of them.

Vincent: Really? How can I get to Sindang-dong?

Ji-woo: Take Subway Line 2.

　　　Then, get off at Sindang Station.

中

文森特: 我想吃炒年糕。
附近有炒年糕美食店吗？

志宇: 去新堂洞吧。 那里有很多。

文森特: 真的吗？ 怎么去新堂洞？

志宇: 坐地铁2号线，在新堂洞下车。

日

ヴィンセント: 私はトッポッキが食べたいです。近くにトッポッキの美味しいお店がありますか？

ジウ: 新堂洞へ行ってみてください。そこにたくさんあります。

ヴィンセント: 本当ですか？新堂洞にはどうやって行きますか？

ジウ: 地下鉄2号線に乗って下さい。新堂洞で降りてください。

제5과　저는 한나예요

김민기 씨예요.

민기 씨는 친구예요.

민기 씨는 대학생이에요.

E

This is Kim Min-gi.

Min-gi is my friend.

Min-gi is a college student.

中

这是金民基。

民基是朋友。

民基是大学生。

日

キム・ミンギさんです。

ミンギさんは友達です。

ミンギさんは大学生です。

제6과　사무실이 6층에 있어요

저는 한양대학교 학생이에요.

우리 학교에 국제교육원이 있어요.

국제교육원 7층에 한국어 교실이 있어요.

교실에 칠판, 책상, 의자가 있어요.

하지만 교실에 텔레비전이 없어요.

E

I am a student at Hanyang University.

There is an Institute of International Education at my school.

There is a Korean language class on the seventh floor of the Institute of International Education.

The classroom has a blackboard, desks, and chairs.

But there is no TV.

中

我是汉阳大学的学生。

我们学校有国际教育院。

在国际教育院7楼有韩语教室。

教室里有黑板、桌子、椅子。

但是教室里没有电视。

日

私は漢陽大学の学生です。

学校には国際教育院があります。

国際教育院の7階には韓国語教室があります。

教室には黒板、机、椅子があります。

しかし、教室にテレビはありません。

제7과　바다가 유명해요

제 고향은 이탈리아 나폴리예요.

나폴리는 바다가 유명해요. 아주 예뻐요.

그리고 음식이 유명해요.

피자가 맛있어요.

제 고향에 사람이 정말 많아요.

제 고향 사람들이 좋아요.

My hometown is Naples, Italy.

Naples is famous for its sea. It is beautiful.

The food is also famous.

The pizza is delicious.

There are so many people in my hometown.

People in my hometown are all so kind and good.

中

我的故乡是意大利那不勒斯。

那不勒斯的大海很有名。 非常美丽。

而且食物很有名。

披萨很好吃。

我的故乡人真的很多。

我故乡的人很好。

日

私の故郷はイタリアのナポリです。

ナポリは海が有名です。とてもきれいです。

そして、食べ物が有名です。

ピザが美味しいです。

私の故郷には人が本当にたくさんいます。

故郷の人たちが好きです。

제8과　커피를 마셔요

저는 지금 식당에 있어요. 친구를 만나요.

우리는 피자를 먹어요.

피자가 맛있어요.

저는 콜라를 좋아해요. 콜라를 마셔요.

친구는 콜라를 안 좋아해요. 주스를 마셔요.

우리는 한국말을 많이 해요.

한국말이 재미있어요.

E

I am at a restaurant right now. I meet a friend.

We eat pizza.

The pizza is delicious.

I like Coke. I drink Coke.

My friend does not like Coke. My friend drinks juice.

We speak Korean a lot.

Speaking Korean is fun.

中

我现在在食堂见朋友。

我们吃披萨。

披萨很好吃。

我喜欢可乐。 喝可乐。

朋友不喜欢可乐。 喝果汁。

我们经常说韩语。

韩语很有意思。

日

私は今食堂にいます。友達と会っています。

私たちはピザを食べます。

ピザが美味しいです。

私はコーラが好きです。コーラを飲んでいます。

友達はコーラが好きではありません。ジュースを飲んでいます。

私は韓国語をたくさん話します。

韓国語が面白いです。

제9과 비빔밥 하나 주세요

지금 친구하고 저는 한국 식당에 있어요.

친구는 한국 음식을 정말 좋아해요.

우리는 삼겹살하고 냉면하고 된장찌개를 먹어요.

삼겹살은 만 오천 원이에요.

냉면은 팔천 원이에요.

된장찌개는 육천 원이에요.

모두 이만 구천 원이에요.

E

Right now, my friend and I are at a Korean restaurant.

My friend really likes Korean food.

We eat Samgyeopsal, Naengmyeon, and Doenjangjjigae.

Samgyeopsal is KRW 15,000.

Naengmyeon is KRW 8,000.

Doenjangjjigae is KRW 6,000.

All of them cost KRW 29,000.

中

现在我和朋友在韩国餐厅。

朋友真的很喜欢韩国饮食。

我们吃五花肉、冷面和大酱汤。

五花肉一万五千韩元。

冷面八千韩元。

大酱汤六千韩元。

一共两万九千韩元。

日

今友達と私は韓国食堂にいます。

友達は韓国料理が本当に好きです。

私たちはサムギョプサルと冷麺とテンジャンチゲを食べます。

ムギョプサルは15,000ウォンです。

冷麺は8,000ウォンです。

テンジャンチゲは6,,、000ウォンです。

全部で29,000ウォンです。

제10과 몇 개 드릴까요?

저는 자주 명동에서 쇼핑해요. 명동에 가게가 많이 있어요. 옷 가게하고 신발 가게하고 가방 가게가 있어요. 저는 가방 가게에서 여행 가방을 사요. 이 가방은 한 개에 십만 오천 원이에요. 새 가방이 정말 좋아요.

E

I often shop in Myeong-dong. There are many shops in Myeong-dong. There are stores that sell clothing, shoes, and bags. I bought a suitcase at a bag store. This suitcase costs KRW 105,000. I really like the new bag.

中

我经常在明洞购物。 明洞有很多店铺。 有服装店、鞋店和包包店。 我在包包店里买旅行包。 这个包一个十万五千韩元。新包真的很好。

日

私は明洞でよく買い物をします。明洞にはお店がたくさんあります。服屋と靴屋とかばん屋があります。私はかばん屋でスーツケースを買います。このかばんは1個に105,000ウォンです。新しいかばんが本当に好きです

제11과 우리 어디에 갈까요?

저는 등산을 좋아해요.

그래서 북한산에 자주 가요.

북한산은 높아요. 그리고 경치가 멋있어요.

저는 북한산에서 경치를 구경해요.

사진을 많이 찍어요.

북한산이 정말 좋아요.

우리 같이 북한산에 갈까요?

E

I like mountain climbing.

So, I often go to Bukhan Mountain.

Bukhan Mountain is high. The scenery is also nice.

I look at the scenery from Bukhan Mountain.

I take a lot of pictures.

Bukhan Mountain is really good.

Shall we go to Bukhan Mountain together?

中

我喜欢登山。

所以经常去北汉山。

北汉山很高。 而且风景很美。

我在北汉山看风景。

拍很多照片。

北汉山真的很好。

我们一起去北汉山怎么样？

日

私は山登りが好きです。

それで、北漢山によく行きます。

北漢山は高いです。 そして、景色も素晴らしいです。

私は北漢山で景色を見物します。

写真をたくさん撮ります。

北漢山が本当に好きです。

一緒に北漢山へ行きますか？

제12과 **신당동에 가고 싶어요**

저는 서울숲을 좋아해요.

서울숲은 성수동에 있어요.

사람들이 서울숲에 많이 가요.

서울숲에서 산책해요. 그리고 자전거를 타요.

서울숲 근처에 카페가 많아요. 아주 예뻐요.

서울숲을 구경하고 싶어요?

그럼 지하철 2호선을 타세요. 뚝섬역에서 내리세요.

E

I like Seoul Forest.

Seoul Forest is located in Seongsu-dong.

Many people go to Seoul Forest.

I take a walk in Seoul Forest. Then, I ride a bike.

There are many cafés near Seoul Forest. It is beautiful.

Do you want to see Seoul Forest?

Then, take Subway Line 2. Get off at Ttukseom Station.

中

我喜欢首尔林。

首尔森林在圣水洞。

人们很爱去首尔林。

在首尔林散步。 然后骑自行车。

首尔林附近有很多咖啡馆。 非常漂亮。

想去首尔林看看吗？

那就坐地铁2号线吧。 请在纛岛站下车。

日

私はソウルの森が好きです。

ソウルの森は聖水洞にあります。

たくさんの人がソウルの森へ行きます。

ソウルの森で散歩します。そして、自転車に乗ります。

ソウルの森の近くにはカフェがたくさんあります。とてもきれいです。

ソウルの森にを観光してみたいですか？

それでは地下鉄2号線に乗ってください。トゥッソム駅で降りてください。

제5과 저는 한나예요

1. 1) 김민기예요.
   2) 아니요. 한국 사람이에요.
   3) 네. (대)학생이에요.

2. 제니 씨예요.
   제니 씨는 친구예요. 호주 사람이에요.
   제니 씨는 영어 선생님이에요.

제6과 사무실이 6층에 있어요

1. 1) 네. 한양대학교에 국제교육원이 있어요.
   2) 교실이 국제교육원 7층에 있어요.
   3) 교실에 텔레비전이 없어요.

2. 저는 한양대학교 학생이에요.
   우리 학교에 국제교육원이 있어요.
   국제교육원 5층에 한국어 교실이 있어요.
   교실에 책상, 의자, 에어컨, 컴퓨터가 있어요.
   하지만 교실에 시계, 텔레비전이 없어요.

제7과 바다가 유명해요

1. 1) 이탈리아 나폴리예요.
   2) 바다가 유명해요. 그리고 음식이 유명해요.
   3) 사람이 정말 많아요. 고향 사람들이 좋아요.

2. 제 고향은 스위스 인터라켄이에요.
   인터라켄은 산이 유명해요. 아수 높이요.
   그리고 음식이 맛있어요.
   치즈가 정말 유명해요.
   제 고향에 사람이 안 많아요.
   제 고향 사람들이 좋아요.

제8과 커피를 마셔요

1. 1) 식당에 있어요.
   2) 친구를 만나요.
   3) 콜라를 좋아해요.
   4) 주스를 마셔요.

2. 저는 지금 PC방에 있어요.
   친구를 만나요.
   우리는 컴퓨터를 해요.
   컴퓨터가 재미있어요.
   저는 게임을 좋아해요. 게임을 해요.
   친구는 게임을 안 좋아해요.
   유튜브를 봐요.
   우리는 라면을 먹어요. 라면이 맛있어요.

제9과 비빔밥 하나 주세요

1. 1) 지금 한국 식당에 있어요.
   2) 친구는 한국 음식을 좋아해요.
   3) 삼겹살하고 냉면하고 된장찌개를 먹어요.
   4) 모두 이만 구천 원이에요.

2. 지금 친구하고 저는 한국 식당에 있어요.
   친구는 불고기를 정말 좋아해요.
   우리는 불고기하고 된장찌개를 먹어요.
   불고기는 만 육천 원이에요.
   된장찌개는 육천 원이에요.
   모두 이만 이천 원이에요.

제10과 몇 개 드릴까요?

1. 1) 명동에서 쇼핑해요.
   2) 거기에 가게가 많이 있어요.
   3) 가방 가게에서 여행 가방을 사요.
   4) 한 개에 십만 오천 원이에요. 정말 좋아요.

2. 저는 자주 동대문시장에서 쇼핑해요.

동대문시장에 가게가 많이 있어요.

여자 옷 가게하고 남자 옷 가게하고 신발 가게가 있어요.

저는 여자 옷 가게에서 치마를 사요.

이 치마는 한 벌에 오만 원이에요.

새 치마가 정말 예뻐요.

제11과 우리 어디에 갈까요?

1. 1) 등산을 좋아해요.

2) 북한산에 자주 가요.

3) 높아요. 그리고 경치가 멋있어요.

4) 경치를 구경해요. 사진을 많이 찍어요.

2. 저는 시장을 좋아해요. 그래서 광장시장에 자주 가요.

광장시장은 커요. 그리고 한국 식당이 많아요.

저는 광장시장에서 한국 음식을 먹어요.

김밥하고 떡볶이를 먹어요.

광장시장이 정말 재미있어요.

우리 같이 광장시장에 갈까요?

제12과 신당동에 가고 싶어요

1. 1) 서울숲을 좋아해요.

2) 산책해요. 자전거를 타요.

3) 카페가 많아요.

4) 지하철 2호선을 타요. 뚝섬역에서 내려요.

2. 저는 이태원을 좋아해요.

이태원은 용산에 있어요.

사람들이 이태원에 많이 가요.

이태원에서 친구를 만나요. 그리고 놀아요.

이태원에 여러 나라 음식이 많아요. 아주 맛있어요.

이태원에 가고 싶어요?

그럼 지하철 6호선을 타세요. 이태원역에서 내리세요.

단어장 Vocabulary

저는 한나예요

어휘

1	명 가방	**E** bag **中** 包 **日** かばん
2	명 독일 사람	**E** German **中** 德国人 **日** ドイツ人
3	명 미국 사람	**E** American **中** 美国人 **日** アメリカ人
4	명 선생님	**E** teacher **中** 老师 **日** 先生
5	명 영국 사람	**E** British **中** 英国人 **日** イギリス人
6	명 의자	**E** chair **中** 椅子 **日** 椅子
7	명 일본 사람	**E** Japanese **中** 日本人 **日** 日本人
8	명 중국 사람	**E** Chinese **中** 中国人 **日** 中国人
9	명 책	**E** book **中** 书 **日** 本
10	명 책상	**E** desk **中** 书桌 **日** 机
11	명 친구	**E** friend **中** 朋友 **日** 友達

12	명 태국 사람	**E** Thai **中** 泰国人 **日** タイ人
13	명 학생	**E** student **中** 学生 **日** 学生
14	명 한국 사람	**E** Korean **中** 韩国人 **日** 韓国人
15	명 호주 사람	**E** Australian **中** 澳大利亚人 **日** オーストラリア人
16	명 휴대 전화	**E** Cellphone **中** 手机 **日** 携帯電話

문법

1	대 누구	**E** who **中** 谁 **日** (人に関して尋ねる) だれ
2	대 무엇	**E** what **中** 什么 **日** (モノやコトに関して尋ねる) 何
3	감 네	**E** yes **中** 是 **日** はい
4	감 아니요	**E** no **中** 不是 **日** いいえ

대화

1	명 첫인사	**E** first greeting **中** 初次问候 **日** 初めての挨拶
2	만나서 반가워요	**E** Nice to meet you **中** 见到你很高兴 **日** お会いできてうれしいです

| 3 | 안녕하세요? | 🇪 How are you?
🇨 你好吗?
🇯 こんにちは。 |

어휘

1	명 공책	🇪 notebook 🇨 笔记本 🇯 ノート
2	명 교실	🇪 classroom 🇨 教室 🇯 教室
3	명 볼펜	🇪 pen 🇨 圆珠笔 🇯 ボールペン
4	명 사무실	🇪 office 🇨 办公室 🇯 事務室
5	명 시계	🇪 clock 🇨 钟表 🇯 時計
6	명 에어컨	🇪 Air Conditioner 🇨 空调 🇯 エアコン
7	명 칠판	🇪 blackboard 🇨 黑板 🇯 黑板
8	명 컴퓨터	🇪 Computer 🇨 电脑 🇯 コンピューター
9	명 텔레비전	🇪 TV 🇨 电视 🇯 テレビ
10	명 필통	🇪 pencil case 🇨 义具盒 🇯 筆箱
11	명 학교	🇪 school 🇨 学校 🇯 学校

듣기

1	명 한양대학교	🇪 Hanyang University 🇨 汉阳大学 🇯 漢陽大学
2	명 한국어	🇪 Korean (Language) 🇨 韩语 🇯 韓国語

읽고 쓰기

| 1 | 명 대학생 | 🇪 college student
🇨 大学生
🇯 大学生 |

12	명 화장실	E bathroom 中 洗手间 日 トイレ
13	수 일	E one 中 一 日 一
14	수 이	E two 中 二 日 二
15	수 삼	E three 中 三 日 三
16	수 사	E four 中 四 日 四
17	수 오	E five 中 五 日 五
18	수 육	E six 中 六 日 六
19	수 칠	E seven 中 七 日 七
20	수 팔	E eight 中 八 日 八
21	수 구	E nine 中 九 日 九
22	수 십	E ten 中 十 日 十

문법

1	관 어느	E which 中 哪个 日 どの

대화

1	명 층	E floor 中 层 日 階
2	대 어디	E where 中 哪里 日 (場所を尋ねる) どこ

말하기

1	명 방	E room 中 房间 日 部屋

읽고 쓰기

1	명 국제교육원	E Institute of International Education 中 国际教育院 日 国際教育院
2	대 우리	E we 中 我们 日 私たち
3	접 하지만	E but 中 但是 日 しかし

어휘

1	명 고향	E hometown 中 故乡 日 故郷、ふるさと
2	명 바다	E ocean 中 海洋 日 海
3	명 산	E mountain 中 山 日 山
4	명 음식	E food 中 食物 日 食べ物
5	형 깨끗하다	E clean 中 干净 日 清潔
6	형 높다	E high 中 高 日 (高さなどが) 高い
7	형 많다	E a lot 中 多 日 多い
8	형 멋있다	E handsome 中 帅 日 格好いい
9	형 맛있다	E delicious 中 好吃 日 美味しい
10	형 멀다	E far 中 远 日 遠い
11	형 비싸다	E expensive 中 贵 日 (値段が) 高い
12	형 예쁘다	E pretty 中 漂亮 日 きれい綺麗だ、美しい
13	형 유명하다	E famous 中 有名 日 有名だ
14	형 재미있다	E funny 中 有趣 日 面白い
15	형 좋다	E good 中 好 日 良い
16	형 크다	E big 中 大 日 大きい

문법

1	명 명동	E Myeong-dong 中 明洞 日 明洞 (韓国の観光地)
2	명 옷	E clothes 中 衣服 日 服

대화

1	명 부산	E Busan 中 釜山 日 釜山 (韓国の地域名)
2	명 비빔밥	E Bibimbab 中 拌饭 日 ビビンバ
3	명 서울	E Seoul 中 首尔 日 ソウル (韓国の首都)
4	명 설악산	E Seorak Mountain 中 雪岳山 日 雪嶽山 (韓国の観光地)

5	명 속초	E Sokcho 中 束草 日 束草 (韓国の地域名)
6	명 인천	E Incheon 中 仁川 日 仁川 (韓国の地域名)
7	명 전주	E Jeonju 中 全州 日 全州 (韓国の地域名)
8	명 제주도	E Jeju Island 中 済州島 日 済州島 (韓国の地域名)
9	부 아주	E very 中 非常 日 非常に、大変、とても
12	에서 멀다	E far from 中 离…很远 日 —から遠い

읽고 쓰기

1	명 나폴리	E Naples 中 那不勒斯 日 ナポリ
2	명 이탈리아	E Italy 中 意大利 日 イタリア
3	명 피자	E pizza 中 披萨 日 ピザ
4	부 정말	E really 中 真的 日 本当に
5	접 그리고	E and 中 而且 日 そして

말하기

1	명 경복궁	E Gyeongbok Palace 中 景福宮 日 景福宮 (韓国の観光地)
2	명 귤	E mandarine 中 橘子 日 みかん
3	명 김치	E Kimchi 中 辛奇 日 キムチ
4	명 생선회	E sliced raw fish 中 生鱼片 日 刺身
5	명 해운대 바다	E Haeundae Beach 中 海云台海水浴场 日 海雲台の海 (韓国の観光地)

어휘

1	명 과일	E fruit 中 水果 日 果物
2	명 과자	E snack 中 饼干 日 お菓子
3	명 물	E water 中 水 日 水
4	명 밥	E rice 中 饭 日 ご飯
5	명 빵	E bread 中 面包 日 パン
6	명 식당	E restaurant 中 餐厅 日 食堂
7	명 우유	E milk 中 牛奶 日 牛乳
8	명 주스	E juice 中 果汁 日 ジュース
9	명 카페	E café 中 咖啡馆 日 カフェ
10	명 커피	E coffee 中 咖啡 日 コーヒー
11	동 공부하다	E study 中 学习 日 勉強する
12	동 마시다	E drink 中 喝 日 飲む
13	동 만나다	E meet 中 见面 日 会う
14	동 말하다	E say/speak 中 说话 日 話す
15	동 먹다	E eat 中 吃 日 食べる
16	동 보다	E see 中 看 日 見る
17	동 자다	E sleep 中 睡觉 日 寝る
18	동 좋아하다	E like 中 喜欢 日 好きだ

문법

1	명 라면	E ramen 中 方便面 日 ラーメン
2	명 햄버거	E hamburger 中 汉堡包 日 ハンバーガー

대화

1	명 게임	E game 中 游戏 日 ゲーム
2	명 아침	E breakfast 中 早饭 日 朝食

3	명 영화관	🇪 movie theater 🇨 电影院 🇯 映画館
4	명 저녁	🇪 dinner 🇨 晚饭 🇯 夕食
5	명 PC방	🇪 PC bang (PC café) 🇨 网吧 🇯 ネットカフェ
6	동 하다	🇪 do 🇨 做 🇯 する
7	부 지금	🇪 now 🇨 现在 🇯 今

말하기

1	명 맥주	🇪 beer 🇨 啤酒 🇯 ビール
2	명 숙제	🇪 homework 🇨 作业 🇯 宿題
3	명 영어	🇪 English 🇨 英语 🇯 英語
4	명 유튜브	🇪 Youtube 🇨 Youtube 🇯 Youtube (ユーチューブ)
5	명 점심	🇪 lunch 🇨 午餐 🇯 昼、昼食
6	명 치킨	🇪 chicken 🇨 炸鸡 🇯 チキン
7	명 케이크	🇪 cake 🇨 蛋糕 🇯 ケーキ

8	명 콜라	🇪 coke 🇨 可乐 🇯 コーラ
9	명 피자	🇪 pizza 🇨 披萨 🇯 ピザ

듣기

1	명 맛	🇪 taste/flavor 🇨 味道 🇯 味
2	명 영화	🇪 movie 🇨 电影 🇯 映画
3	명 한국말	🇪 Korean (spoken language) 🇨 韩语 🇯 韓国語
4	형 맵다	🇪 spicy 🇨 辣 🇯 辛い

읽고 쓰기

1	명 한국말	🇪 Korean (spoken language) 🇨 韩语 🇯 韓国語
2	부 많이	🇪 a lot 🇨 多 🇯 たくさん、多く

어휘

#		
1	명 김밥	🇪 Gimbap (cooked rice rolled in seaweed) 🇨 紫菜包饭 🇯 キンバ、海苔巻き
2	명 김치찌개	🇪 Kimchijjigae (Kimchi soup) 🇨 辛奇汤 🇯 キムチチゲ
3	명 냉면	🇪 Naengmyeon (buckwheat noodles) 🇨 冷面 🇯 冷麺
4	명 된장찌개	🇪 Doenjangjjigae (Korean soybean paste stew/soup) 🇨 大酱汤 🇯 テンジャンチゲ、味噌チゲ
5	명 떡볶이	🇪 Tteokbokki (spicy/seasoned rice cakes) 🇨 炒年糕 🇯 トッポッキ
6	명 불고기	🇪 Bulgogi (Korean BBQ, grilled meat) 🇨 烤牛肉 🇯 プルコギ
7	명 비빔밥	🇪 Bibimbap (Korean mixed rice dish) 🇨 拌饭 🇯 ビビンバ
8	명 삼겹살	🇪 Samgyebsal (grilled pork belly) 🇨 五花肉 🇯 サムギョプサル
9	명 원	🇪 Korean Won 🇨 (韩) 元 🇯 ウォン (韓国の通貨単位)
10	주 십	🇪 ten 🇨 十 🇯 十
11	주 백	🇪 hundred 🇨 百 🇯 百
12	주 천	🇪 thousand 🇨 千 🇯 千
13	주 만	🇪 ten thousand 🇨 万 🇯 万
14	동 가다	🇪 go 🇨 去 🇯 行く
15	동 기다리다	🇪 wait 🇨 等待 🇯 待つ
16	동 앉다	🇪 sit 🇨 坐 🇯 座る
17	동 오다	🇪 come 🇨 来 🇯 来る
18	동 주다	🇪 give 🇨 给 🇯 あげる、くれる

문법

#		
1	명 메뉴판	🇪 menu 🇨 菜单 🇯 メニュー
2	명 잠깐	🇪 for a moment 🇨 稍等 🇯 ちょっと
3	대 여기	🇪 here 🇨 这里 🇯 ここ
4	주 하나	🇪 one 🇨 一个 🇯 一つ

5	图 드시다	E eat / 中 用餐 / 日 召し上がる
6	图 좀	E please / 中 一下, 点儿 / 日 ちょっと
7	많이 드세요.	E Help yourself / 中 多吃点 / 日 たくさん召し上がってください。
8	물 좀 주세요.	E Would you give me some water please? / 中 请给我水 / 日 お水ください。
9	안녕히 가세요.	E Goodbye / 中 再见 / 日 さようなら。
10	어서 오세요.	E Welcome / 中 欢迎光临 / 日 いらっしゃいませ。
11	얼마예요?	E How much is this? / 中 多少钱 / 日 いくらですか。
12	여기 앉으세요.	E Have a seat here / 中 请坐在这里 / 日 ここに座ってください。
13	잠깐만 기다리세요.	E Just a moment please / 中 请稍等 / 日 少々お待ちください。

대화

1	图 주인	E owner / 中 主人 / 日 店主
2	图 모두	E all / 中 所有 / 日 全て
3	图 얼마	E how much / 中 多少 / 日 いくら

4	뭘 드릴까요?	E What would you like to eat? / 中 需要点什么? / 日 何にいたしますか?
5	식사 후	E after meal / 中 用餐后 / 日 食後
6	여기요.	E Excuse me / 中 这里 (直译为"这里", 点单时候的一种招呼方式) / 日 すみません。

말하기

1	图 갈비	E Galbi (seasoned ribs) / 中 排骨 / 日 カルビ
2	图 사이다	E Sprite / 中 汽水 / 日 サイダー
3	图 소주	E soju / 中 烧酒 / 日 焼酎
4	图 손님	E guest / 中 客人 / 日 お客さん
5	감사합니다.	E Thank you / 中 谢谢 / 日 ありがとうございます。

읽고 쓰기

| 1 | 图 한국 식당 | E Korean restaurant / 中 韩国餐厅 / 日 韓国料理の店 |
| 2 | 图 한국 음식 | E Korean food / 中 韩国饮食 / 日 韓国料理 |

어휘

1	명 가게	E store 中 店铺 日 店、商店
2	명 개	E gae(used for counting unit various items) 中 个 日 一個
3	명 권	E kwon(used for counting books) 中 本 日 一冊、巻
4	명 남자	E man 中 男人 日 男
5	명 명	E myeong(used for counting the number of people) 中 名, 位 (敬语) 日 一名、人
6	명 병	E byeong(used for counting the number of bottles) 中 瓶 日 一本
7	명 사과	E apple 中 苹果 日 リンゴ
8	명 시장	E market 中 市场 日 市場
9	명 여자	E woman 中 女人 日 女
10	명 열쇠고리	E key ring 中 钥匙扣 日 キーホルダー
11	명 인형	E doll 中 玩偶, 娃娃 日 人形
12	명 잔	E jan(used for counting the number of glasses/cups) 中 杯 日 一杯
13	명 차	E tea 中 茶 日 車、自動車
14	명 화장품	E cosmetics 中 化妆品 日 化粧品
15	수 하나	E one 中 一 日 (数える時の) 一
16	수 둘	E two 中 二 日 (数える時の) 二
17	수 셋	E three 中 三 日 (数える時の) 三
18	수 넷	E four 中 四 日 (数える時の) 四
19	수 다섯	E five 中 五 日 (数える時の) 五
20	수 여섯	E six 中 六 日 (数える時の) 六
21	수 일곱	E seven 中 七 日 (数える時の) 七
22	수 여덟	E eight 中 八 日 (数える時の) 八

23	全 아홉	E nine 中 九 日 (数える時の) 九
24	全 열	E ten 中 十 日 (数える時の) 十
25	動 구경하다	E look around 中 观光 日 見物する、観光する
26	動 사다	E buy 中 买 日 買う
27	動 팔다	E sell 中 卖 日 売る

대화

1	名 귤	E tangerine 中 橘子 日 みかん
2	名 막걸리	E Makgeolli (Korean rice wine) 中 米酒 日 マッコリ
3	名 문구점	E stationary store 中 文具店 日 文房具屋
4	名 수첩	E pocket notebook 中 笔记本 日 手帳
5	名 아주머니	E middle-aged woman 中 阿姨 日 おばさん
6	名 유자차	E Uja tea (Citron tea) 中 柚子茶 日 ゆず茶

말하기

1	名 과일 가게	E fruit store 中 水果店 日 果物屋
2	名 바지	E pants 中 裤子 日 ズボン、パンツ
3	名 배	E pear 中 梨 日 梨
4	名 벌	E bul(used for counting the number of clothing/pants/etc.) 中 件 日 着
5	名 빵집	E Bakery 中 面包店 日 パン屋
6	名 선물 가게	E gift shop 中 礼品店 日 ギフトショップ、お土産屋
7	名 식빵	E plain bread 中 面包 日 食パン
8	名 옷 가게	E clothes store 中 服装店 日 服屋
9	名 운동화	E sneakers 中 运动鞋 日 運動靴、スニーカー
10	名 치마	E skirt 中 裙子 日 スカート
11	名 켤레	E kyullae(used for counting the number of shoes) 中 双 日 足
12	깎아 주세요	E Can I get a discount? 中 便宜点吧 日 安くしてください

읽고 쓰기

1	명 신발 가게	E shoe store 中 鞋店 日 靴屋
2	명 여행 가방	E suitcase 中 旅行包 日 スーツケース
3	동 쇼핑하다	E do the shopping, shop 中 购物 日 買い物する
4	부 새	E new 中 新 日 新しい
5	부 자주	E often 中 经常 日 よく

어휘

1	명 공연장	E concert hall 中 剧场 日 公演場、ホール
2	명 공원	E park 中 公园 日 公園
3	명 놀이공원	E theme park 中 游乐园 日 遊園地
4	명 도서관	E library 中 图书馆 日 図書館
5	명 미술관	E gallery 中 美术馆 日 美術館
6	명 영화관	E movie theater 中 电影院 日 映画館
7	명 운동장	E playground 中 运动场 日 運動場
8	명 집	E house 中 家 日 家
9	동 놀다	E play 中 玩 日 遊ぶ
10	동 등산하다	E hike 中 登山 日 山登りをする、山に登る
11	동 쉬다	E rest 中 休息 日 休む

12	동 운동하다	E work out 中 锻炼 日 運動する
13	사진을 찍다	E to take a photo 中 拍照 日 写真を撮る
14	자전거를 타다	E to ride a bicycle 中 骑自行车 日 自転車に乗る
15	책을 읽다	E to read a book 中 读书 日 本を読む
16	콘서트를 보다	E to watch the concert 中 看演唱会 日 コンサートを見る

문법

1	명 학생식당	E student cafeteria 中 学生食堂 日 学生食堂
2	부 같이	E together 中 一起 日 一緒に
3	부 지금	E now 中 现在 日 今

대화

1	명 꽃	E flower 中 花 日 花
2	명 날씨	E weather 中 天气 日 天気
3	명 저녁	E dinner 中 晚餐 日 夕方、夕食

4	동 수영하다	E swim 中 游泳 日 泳ぐ
5	부 오늘	E today 中 今天 日 今日

말하기

1	명 그림	E painting 中 画 日 絵
2	명 놀이기구	E attraction, ride (amusement park) 中 游乐设施 日 遊具、アトラクション

듣기

1	대 거기	E there 中 那里 日 そこ
2	부 그럼	E then 中 那么 日 それでは
3	부 조금	E a little 中 一点 日 少し

읽고 쓰기

1	명 경치	E view, scenery 中 风景 日 景色
2	명 북한산	E Bukhan Mountain 中 北汉山 日 北漢山 (韓国の観光地)
3	접 그래서	E so 中 所以 日 それで

어휘

1	명 강남	E Gangnam / 中 江南 / 日 江南 (韓国の地域名)
2	명 롯데월드	E Lotte World / 中 乐天世界 / 日 ロッテワールド (韓国の観光地)
3	명 버스	E bus / 中 公共汽车 / 日 バス
4	명 버스 정류장	E bus stop / 中 公交车站 / 日 バス停
5	명 서울숲	E Seoul Forest / 中 首尔林 / 日 ソウルの森 (韓国の観光地)
6	명 성수동	E Seoungsu-dong / 中 城市东 / 日 聖水洞 (韓国の地域名)
7	명 신당동	E Sindang-dong / 中 新堂洞 / 日 新堂洞 (韓国の地域名)
8	명 이태원	E Itaewon / 中 梨泰院 / 日 梨泰院 (韓国の観光地)
9	명 인사동	E Insa-dong / 中 仁寺洞 / 日 仁寺洞 (韓国の観光地)
10	명 지하철	E Subway / 中 地铁 / 日 地下鉄
11	명 지하철 2호선	E Subway Line #2 / 中 地铁2号线 / 日 地下鉄2号線
12	명 지하철역	E subway station / 中 地铁站 / 日 地下鉄駅
13	명 택시	E taxi / 中 出租车 / 日 タクシー
14	명 한강공원	E Hangang Park (Han River Park) / 中 汉江公园 / 日 漢江公園 (韓国の観光地)
15	명 홍대	E Hongik University / 中 弘大 / 日 弘大 (韓国の観光地)
16	명 1번 출구	E Exit #1 / 中 1号出口 / 日 1番出口
17	동 내리다	E get off / 中 下车 / 日 降りる
18	동 타다	E get on / 中 乘坐 / 日 乗る

문법

1	명 광장시장	E Gwangjang Market / 中 广藏市场 / 日 広場市場 (韓国の観光地)
2	명 뚝섬	E Ttukseom / 中 纛岛 / 日 トゥクソム (韓国の地域名)
3	명 시청	E City Hall / 中 市政厅 / 日 市役所
4	명 안국	E Anguk / 中 安国 / 日 安國 (韓国の地域名)
5	명 앞	E Front / 中 前面 / 日 (位置、場所を指して) 前

6	몡 여의나루	Ⓔ Yeouinaru Ⓒ 汝矣渡口 Ⓙ 汝矣ナル (韓国の地域名)
7	몡 잠	Ⓔ sleep Ⓒ 觉 Ⓙ 眠り
8	몡 종로5가	Ⓔ Jongro-5ga Ⓒ 钟路5街 Ⓙ 鐘路5街 (韓国の地域名)
9	몡 한양대	Ⓔ Hanyang University Ⓒ 汉阳大学 Ⓙ 漢陽大学の略称、漢陽大
10	관 여러	Ⓔ a lot Ⓒ 多个 Ⓙ いろいろな

대화

1	몡 근처	Ⓔ near Ⓒ 附近 Ⓙ 近所、近く
2	몡 동대문 시장	Ⓔ Dongdaemun Market Ⓒ 东大门市场 Ⓙ 東大門市場 (韓国の観光地)
3	몡 동대문역	Ⓔ Dongdaemun Station Ⓒ 东大门站 Ⓙ 東大門駅 (韓国の駅)
4	몡 맛집	Ⓔ famous (must-visit) restaurant Ⓒ 美食店 Ⓙ 美味しい店、人気のレストラン
5	몡 삼청동	Ⓔ Samcheong-dong Ⓒ 三清洞 Ⓙ 三清洞 (韓国の地域名)
6	정말요?	Ⓔ really? Ⓒ 真的吗? Ⓙ 本当ですか?

말하기

1	몡 경복궁역	Ⓔ Gyeongbokgung Station Ⓒ 景福宫 Ⓙ 三清洞 (韓国の地域名)
2	몡 무역센터	Ⓔ Trade Center Ⓒ 贸易中心 Ⓙ 貿易センター (韓国の観光地)
3	몡 성수역	Ⓔ Seoungsu Station Ⓒ 圣水站 Ⓙ 聖水駅 (韓国の駅)
4	몡 인사동	Ⓔ Insa-dong Ⓒ 仁寺洞 Ⓙ 仁寺洞 (韓国の観光地)
5	몡 종로5가역	Ⓔ Jongro-5ga station Ⓒ 钟路5街站 Ⓙ 鐘路5街駅 (韓国の駅)
6	몡 코엑스몰	Ⓔ Coex mall Ⓒ COEX商场 Ⓙ コエックスモール (韓国の観光地)
7	몡 홍대입구역	Ⓔ Hongik Univ. Station Ⓒ 弘大入口站 Ⓙ 弘大入口駅 (韓国の駅)
8	서울 구경	Ⓔ Seoul tour Ⓒ 参观首尔 Ⓙ ソウル観光

듣기

1	몡 남산	Ⓔ Namsan Ⓒ 南山 Ⓙ 南山 (韓国の観光地)
2	몡 충무로역	Ⓔ Chungmuro Station Ⓒ 忠武路站 Ⓙ 忠武路駅 (韓国の駅)

1	통 산책하다	E take a walk
		中 散步
		日 散歩する

집필

김정훈
한양대학교 국제교육원 교수, 교육학 박사

배소영
한양대학교 국제교육원 교수, 교육학 박사

임정남
한양대학교 국제교육원 교수, 문학 박사

김다원
한양대학교 국제교육원 교육전담교수, 교육학 석사

개정판

빨리 배우는 한국어 1
Quick Korean

2판 1쇄 발행 2024년 2월 29일

지은이 한양대학교 국제교육원
펴낸이 박영호
기획팀 송인성, 김선명, 김선호
편집팀 박우진, 김영주, 김정아, 최미라, 전혜련, 박미나
관리팀 임선희, 정철호, 김성언, 권주련
펴낸곳 (주)도서출판 하우

주소 서울시 중랑구 망우로68길 48
전화 (02)922-7090
팩스 (02)922-7092
홈페이지 http://www.hawoo.co.kr
e-mail hawoo@hawoo.co.kr
등록번호 제2016-000017호

값 17,000원
ISBN 979-11-6748-121-4 14710
ISBN 979-11-6748-120-7 (set)

＊ 이 책의 저자와 (주)도서출판 하우는 모든 자료의 출처 및 저작권을 확인하고 정상적인 절차를 밟아 사용하였습니다.
일부 누락된 부분이 있을 경우에는 이후 확인 과정을 거쳐 반영하겠습니다.

＊ 이 책은 저작권법에 따라 보호받는 저작물이므로 무단 전재와 무단 복제를 금지하며,
이 책 내용의 전부 또는 일부를 이용하려면 반드시 저작권자와 (주)도서출판 하우의 서면 동의를 받아야 합니다.